聊聊自驾游
安全行车这些事儿

本书编写组 编

人民交通出版社股份有限公司
China Communications Press Co.,Ltd.

内容提要

本书系统地介绍了自驾游时的车辆选择，出行前的准备工作，旅途中遇到不同路面环境、不同天气的应对方法，以及发生意外情况时的处理办法，并附有相关法律法规及视频案例。本书语言通俗易懂，适合自驾游爱好者阅读学习。

图书在版编目（CIP）数据

聊聊自驾游安全行车这些事儿 /《聊聊自驾游安全行车这些事儿》编写组编. — 北京：人民交通出版社股份有限公司, 2019.3

ISBN 978-7-114-15345-7

Ⅰ.①聊… Ⅱ.①聊… Ⅲ.①汽车—驾驶员—行车安全 Ⅳ.① U471.3

中国版本图书馆 CIP 数据核字（2019）第 013405 号

Liaoliao Zijiayou Anquan Xingche Zhexie Shir
书　名：聊聊自驾游安全行车这些事儿
著 作 者：本书编写组
责任编辑：刘　洋　李　佳
责任校对：赵媛媛
责任印制：张　凯
出版发行：人民交通出版社股份有限公司
地　　址：（100011）北京市朝阳区安定门外外馆斜街3号
网　　址：http://www.ccpress.com.cn
销售电话：（010）59757973
总 经 销：人民交通出版社股份有限公司发行部
经　　销：各地新华书店
印　　刷：中国电影出版社印刷厂
开　　本：880×1230　1/32
印　　张：7
字　　数：175千
版　　次：2019年3月　第1版
印　　次：2019年3月　第1次印刷
书　　号：ISBN 978-7-114-15345-7
定　　价：29.80元

（有印刷、装订质量问题的图书由本公司负责调换）

本书编写组

薛朋舟　何　亮　孙　逊
刘　洋　李　佳

随着我国经济社会的发展,道路交通基础设施日趋完善,汽车普及率大大提升,交通状况持续改善,自驾游已经成为一种热门的旅行方式。据统计,我国国内旅游中自驾游比例已经接近60%。自驾游作为一种新的出游方式,为消费者带来了个性化的体验,因便利、灵活、舒适等优势深受广大游客尤其是年轻人的喜爱。

自驾游让广大人民群众享受到自由旅行的同时,途中也存在很大的风险,近年来部分自驾游爱好者缺乏交通安全意识、驾驶经验不足,再加上路况不熟等因素,发生了很多道路交通事故。因此,大家出行前应做好充分的准备工作,掌握足够的交通安全知识,并具备一定的生存技巧和自救能力。

为了提高自驾游爱好者的安全意识,减少自驾途中的安全隐患,我们编写了《聊聊自驾游安全行车这些事儿》。本书详细介绍了自驾游出发前注意事项以及不同路况、特殊天气、特殊区域的安全驾驶要领等内容,系统详尽地介绍了在自驾游中可能遇到的各种问题以及紧急情况的处理方法。

亲爱的自驾游爱好者,期待本书能为您自驾游提供专业、实用的建议,希望您安全自驾、游历四方、平安归来。

本书编写组
2019 年 3 月

目录

出发前注意事项 ……………………………………… 1
    自驾车辆选择 …………………………………… 3
    车辆安全检查 …………………………………… 15
    驾驶前的调节与检查 …………………………… 25
    随车携带物品 …………………………………… 34

不同路况的安全驾驶要领 ……………………… 47
    高速公路 ………………………………………… 49
    国省道 …………………………………………… 68
    沙地 ……………………………………………… 75
    砂石路 …………………………………………… 78
    泥泞道路 ………………………………………… 82
    隧道 ……………………………………………… 86
    涉水路段 ………………………………………… 92
    山区道路 ………………………………………… 98
    城区道路 ………………………………………… 115

特殊天气的安全驾驶要领 ……………………… 137
    应对恶劣天气的安全"三宝" ………………… 139

夜间 ……………………………………… 143
　　雨天 ……………………………………… 153
　　雪天 ……………………………………… 163
　　强风 ……………………………………… 171
　　强光 ……………………………………… 176

特殊区域的安全驾驶要领 ……………………… 179
　　地质灾害易发地区 ………………………… 181
　　高原地区 ………………………………… 184
　　地震区域 ………………………………… 189

应急处置 ………………………………………… 191
　　车辆故障 ………………………………… 193
　　爆胎 ……………………………………… 197
　　刹车失灵 ………………………………… 200
　　落水的应急处置 …………………………… 203
　　突遇动物怎么办 …………………………… 207
　　自燃 ……………………………………… 210
　　水箱开锅 ………………………………… 212

出发前注意事项

▶ 自驾车辆选择

自驾车辆选择

说到自驾游,自然是离不开车。有的朋友会问,骑自行车去旅游算不算自驾游呢?的确,骑自行车这种张扬个性、亲近自然的旅游方式近年来越来越被人们所接受,甚至在旅行的道路上都经常可以看到擦肩而过的骑行者。诚然,自驾游是一种广义的旅行方式,驾驶车辆当然包括机动车和非机动车,如此看来,骑自行车肯定算自驾。自行车属于非机动车之一,所有以人力或者畜力驱动,上道路行驶的交通工具,以及虽有动力装置驱动但设计最高时速、空车质量、外形尺寸符合有关国家标准的残疾人机动轮椅车、电动自行车等,也都属于非机动车,或者说,你赶着马车去旅行,也属于自驾游。

但是我们这本书中说的自驾游,还是特指驾驶机动车出行,骑行的旅游风险毕竟要高于驾驶机动车,对于骑行者的精神、体力和毅力都是很大的考验,算是稍微小众的旅游方式,在此不做过多讨论。那我们来分析一下,自驾游如何选择机动车。

以前人们说到自驾游,必谈越野车,好像没有越野车就不能翻山越岭一样,其实这个说法现在已经不适用了。近年来随着道路建设进程的加快,各地的常规旅游路线,基本全程都是沥青混凝土铺面道路,就是大家俗称的"柏油路",而且高速公路通车里程也在逐年递增,除非是因地质灾害或修路改造,临时修筑的简易道路,一般路况下,普通的家用轿车都可以应对自如。

选什么样的车主要取决于你计划的旅游路线,如果全程都是走高速公路、国省道,那普通的家用轿车完全没问题。为了舒适性好一些,可以选择一款空间更大、通过性稍好的SUV车型。预计途中要走非铺装路面,例如深入大草原,或者是去一些小众点的旅游景区,这对于车辆就有一定的要求了,最好选择通过性比较好的四驱SUV车型。如果你喜欢挑战极限,去深度涉水或穿越无人区,那越野车还是最佳选择。

无人区驾驶

▶ 自驾车辆选择

需要提醒的是，我国一些无人区是禁止驾车旅游的，无人区内气候复杂多变，昼夜温差大，中途也没有加油站、给养点，手机都没有信号，而且无人区内根本没有道路，在里面行车，要么是凭经验，要么就靠自备GPS，还要面对河滩、冻土、沼泽、冰河等极端路况，在极限环境下，人、车、设备都经常会有突发状况，这不属于一般旅游的范畴，没有相关的专业知识，万万不可轻易尝试！

"游"的前提是安全，不能凭一时兴起和勇气。你爬过最高的山是香山，明天背个旅行包就去攀登珠穆朗玛峰了，虽然都是山，但别人上得去，你未必能上去，用在自驾游上，道理也是一样的。

房车外形

开房车旅游，是近年来逐渐兴起的一种新型方式，房车也称旅居车，可方便停靠在远离城市的沙滩、湖岸、草地、山坡、森林中，同时又拥有城市的生活方式，例如自己做饭、洗澡、睡在柔软舒适的床上看电视、听音乐等。房车如同一个微缩版的"家"，它分为自行式与拖挂式两种。对于房车出行来说，首先面临的问题是路途中和景区内，也许没有配套的房车停靠站，没有配套的补水补电设备，没有相应配套的服务，这是出发前要考虑的事，同时还要看看自己的准驾车型与车辆是否相符，持有C1驾驶证的朋友，只能驾驶小型旅居车。

出发前注意事项 | **5**

聊聊**自驾游**安全行车这些事儿

皮卡车外形

　　皮卡车是一种驾驶室后方设有无车顶货箱，货箱侧板与驾驶室连为一体的轻型载货汽车，它是前面像轿车，后面带货箱的客货两用汽车。既有轿车的舒适性，又有强劲的动力，而且比轿车的载货和适应不良路面的能力要强。选择皮卡车，要考虑目的地的问题，比如你打算开车去另一个城市旅游，要提前了解当地对于货运机动车是否有限行规定，虽然皮卡外形很像轿车，但它也属于货运机动车，一般而言，不建议驾驶皮卡车出游，会引发许多不便。

　　确定驾驶哪类车后，就要考虑更细致的问题了，请尽量选择市场保有量大、性能可靠稳定的大众化车型。什么是保有量呢？汽车保有量指的就是一个地区拥有这款车型的数量，一般是指在当地登记的同款车辆数。汽车保有量越大，说明该地这一车型使用数量越多，从侧面可以反映出在当地此类车型的维修保养服务会比较完善。选择市场保有量大的车型，可以保证在你的汽车出现问题或发生事故后，能够得到及时的维修而不至于耽搁行程。大众化车型对于燃油标号要求也不高，在一些偏远地区，未必每个加油站都有高标号燃油，如果你驾驶一辆较高档的车，只能"喝"高标号燃油，那有可能遇到无油可加的尴尬情况，这些都是需要提前考虑的。

　　车内空间大小也是重要参考指标，无论你选哪条路线，都是一次长途驾驶，沿途城镇之间距离远，车上需要准备很多用品，例如各种食品和饮用水、衣物、常备药品等，大空间可以轻松装载，而且在长途旅行中，无论对于驾驶人还是乘客，空间大一些乘坐会比较

▶ 自驾车辆选择

舒服,不会产生压抑感。

至于排量,没有特别要求,排量大的车,自然动力更强劲,带涡轮增压器的车辆能较大幅度地提高发动机的功率及转矩。如果是去西藏、青海等高海拔地区,因空气中含氧量不足,如同人会有高原反应一样,车也会有反应,特别是自然吸气发动机反应更明显。当海拔超过4500米时,自然吸气发动机的车,可以明显感觉到动力下降、上坡时油门反应延迟等情况,此类问题都可以通过驾驶人及时调整驾驶操作,比如降挡获取更大动力来应对。如果去高海拔地区自驾,建议选择大于1.6L的排量或涡轮增压汽车。

汽车排量示意

选车要根据需求而定,但有一点必须明确,无论什么车,由一个不遵法、守规的驾驶人来操作,那将会是十分危险的!

出发之前,要对车辆进行全面检查,这是必不可少的一项工作。

❋ 选择车辆的黄金提示 ❋

1.选市场保有量大的车型,维修方便,配件多。自驾游多在外地,一旦车辆出现故障,那"维修方便"就是一个非常突出的优势。

2.考虑车辆通过性。高速公路、国道和省道是必经之路,但深度自驾难免遇到特殊路况,通过性能差的车会望"路"兴叹。

3.太贵的车不适宜自驾游,它所用燃油的标号高,在一些偏僻的地方,未必保证能够加到油。

4.无论选什么类型的车,安全问题都是驾驶人首先要考虑的,不要迷信好车就能一路平安。

一、SUV 和越野车的区别

运动型多功能车（SUV——Sport Utility Vehicle），即城郊实用汽车，是一种拥有旅行车般的空间容量，配以货卡车的越野能力的车型，这种车多依托轿车平台打造而成，更适合在铺装道路上行驶，特点是动力大、越野性强、宽敞舒适及良好的载物和载客功能，通过沟沟坎坎比轿车更从容。

SUV 与越野车的区别

越野车（ORV——Off Road Vehicle）是一种为越野而特别设计的汽车，主要是指可在崎岖地面使用的越野车辆。特点是非承载式车身、四轮驱动，有较高的底盘、较好抓地性的轮胎、较高的排气管、较大的马力和粗大结实的保险杠。

SUV 的悬架系统与轿车高度相似，多采用四轮独立悬架，这种悬架配置可以保证四个车轮的独立性，可以最大限度地保证车内驾乘人员的舒适性。而越野车的悬架多采用"前整体桥+后整体桥"或者"前独立悬架+后整体桥"的形式，这两种形式最突出的特点就是载重能力强，但舒适性比较差。

SUV多为两驱车，可以应对短时轻度越野，而越野车多采用分时四驱系统，可以实现纯机械锁止，有了差速锁的帮助，在只有一个车轮拥有抓地力的情况下，动力可以100%传递到这个车轮，实现脱困。

二、什么是排量

排量是指汽车发动机每循环吸入或排出的流体体积，通常排量大，单位时间发动机所释放的能量大，也就是汽车的"动力性"好。

三、非承载式车身与承载式车身的区别

非承载式车身的汽车有一刚性车架，在非承载式车身中发动机、传动系统的一部分、车身等总成部件都是用悬架装置固定在车架上，车架通过前后悬架装置与车轮连接，从车底可以看到贯穿前后的两个大梁，SUV和越野车用得比较多。优点是底盘强度较高，抗颠簸性能好，即使四个车轮受力再不均匀，也是由车架承担大部分，而不会全部传递到车身上去，因此具有较好的平稳性和安全性。缺点是车身和车架是刚性连接的，在公路上行驶的时候，会产生振动。

承载式车身的汽车没有刚性车架，发动机、前后悬架、传动系统的一部分等总成部件装配在车身上设计要求的位置，车身负载通过悬架装置传给车轮。承载式车身除了其固有的乘载功能外，还要直接承受各种载荷，大部分轿车采用这种车身结构。优点是公路行驶非常平稳，整个车身为一体，振动噪声小。缺点是底盘强度不如非承载式车身，当四个车轮受力不均匀时，车身会发生变形。

非承载式车身

承载式车身

汽车车身架构

四、什么是汽车的通过性

汽车的通过性是指在一定车载质量下,汽车能以足够高的平均车速通过各种坏路及无路地带和克服各种障碍的能力。通过性强的汽车,可以轻松翻越坡度较大的坡道,也可以涉水穿越较深的河流,还能以较高的车速行驶在崎岖不平的山路上。

汽车的接近角和离去角

影响通过性的主要因素有汽车的支承、牵引参数等一系列几何参数。在衡量通过性时,多选用最小离地间隙、接近角与离去角、纵向通过半径、横向通过半径和车轮半径为重要考察点。

▶ 自驾车辆选择

最小离地间隙,是指汽车除车轮以外的最低点(一般是前、后桥下)与路面之间的距离。它以毫米为单位,其数值越大,汽车通过石块、树桩等障碍物的能力越强。

接近角与离去角,是指在车身前、后端下方突出点分别向前、后车轮所引的两线与路面之间的夹角,它们均以度为单位。其数值越大,汽车通过小丘、鞍形洼地和壕沟时不发生剐碰的能力越强。

纵向通过半径,是指与汽车前、后车轮及两轴之间最低相切的圆弧半径。它以米为单位,其数值越小,汽车通过小丘、横脊、拱桥等障碍物的能力越强。

横向通过半径,是指汽车前桥或后桥左右两车轮和车桥的最低点上切线圆弧的半径。横向通过半径取决于汽车的轮距和最小离地间隙。轮距越小,最小离地间隙越大,则横向通过半径越小,汽车通过小丘、纵向突脊的能力越强。

车轮半径,即车轮(轮胎)的工作半径。一般来说,在驱动车轮与地面间的附着力足够大的情况下,车轮半径越大,汽车通过台阶、断墙等垂直障碍物的高度和壕沟的宽度越大。

五、两轮驱动和四轮驱动的区别

两轮驱动分为前轮驱动和后轮驱动,简称前驱和后驱,前驱就是发动机动力输出到前轮上,前轮又要控制转向又要控制驱动,相当于是拉着车跑;后驱就是发动机动力输出到后轮上,前轮负责转向,后轮负责驱动,所以转向和驱动互不干扰,在车辆转弯时能得到更小的转弯半径,操控性比前驱车好,等同于推着车在跑。

四驱分为分时四驱、适时四驱和全时四驱三种。分时四驱一般默认是两驱(一般为后驱)行驶,在遇到需要四驱的行驶路段时,必须人为地手动调整到四驱驾驶模式,分时四驱的汽车没有差速锁,只能刚性连接,不能在铺装路面行驶。

适时四驱一般低速是四驱模式，中高速会自动切回两驱模式。

全时四驱就是无论任何行驶路况都是四轮驱动，而且配中央差速锁和差速器使用。

分时四驱的优点是保证输出动力的同时又能满足高强度的越野需求，结构相对简单稳定，缺点是刚性连接，四驱行驶具有局限性。适时四驱的优点是能智能调节两驱和四驱模式，一般用在城市SUV上，能满足绝大多数日常路况使用，缺点是机械连接刚度较差，无法满足高强度的越野需求。全时四驱的优点是机械性能最好，能适应全地形路面驾驶，缺点是制造成本高，油耗高。

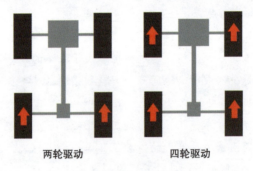

两轮驱动和四轮驱动的区别

六、借车给别人，出了事故车主要担责吗

如果朋友借你的车自驾出游，你是否想过，万一路上发生事故，作为车主的你，将会承担哪些责任？

从司法实践来看，对于机动车所有人与使用人的责任问题，基本上由"运行支配"和"运行利益"两个标准来判断，简单地说，就是谁实际驾驶车辆，谁就是机动车损害赔偿的责任主体。那是不是借车给别人，就一定不会承担责任了？并不是。

《侵权责任法》是这样规定的："因租赁、借用等情形机动车所有人与使用人不是同一人时，发生交通事故后属于该机动车一方

自驾车辆选择

责任的,由保险公司在机动车强制保险责任限额范围内予以赔偿。不足部分,由机动车使用人承担赔偿责任;机动车所有人对损害的发生有过错的,承担相应的赔偿责任。"

已经很明确了吧,借车发生交通事故,首先由投保的保险公司予以赔偿;不足部分由车辆使用人承担责任;最后,如果车主有过错,要基于过错承担责任。

借车

到底车主有什么过错会承担责任呢?以下三种情形你要注意。

一是知道或者应当知道自己的机动车存在缺陷,且该缺陷是交通事故发生原因之一的,比如知道自己的车刹车系统(制动系统)有故障等,最后这辆车因刹车问题撞了人,车主就有责任了。

二是知道或者应当知道借车的人没有驾驶资格或者没取得过相应驾驶证的,比如明知道对方没有驾驶证,你还把车借给他,发生事故后,你要承担责任的。

三是知道或者应当知道驾驶人因饮酒、服用国家管制的精神药品或者麻醉药品,或者患有妨碍安全驾驶机动车的疾病等依法不能驾驶机动车的,比如你知道他喝了酒,还把车借给他,那出了事故,你也要承担责任。

所以在你决定将车借给别人前,别嫌麻烦,要与借车人签个协议或者有个文字约定,对对方的行为,如借车人不得饮酒驾车、不得随意转借进行约束,这就避免了许多麻烦。不要因为是朋友就不好意思签协议,签借车协议可以维护双方的利益和责任,避免事后责任不清。

车辆安全检查

在选好车后,就要进行出发前的准备了,无论选择什么车,对车辆进行检查这项工作都是不可忽略的,如果你开着一辆带病的车去自驾游,途中任何一个小隐患发作都会耽误你的行程,甚至会引发交通事故,这点一定要注意。

关于车辆的检查,我们可以分为两个部分。第一部分是自己动手就能完成的,这项工作不只是出发前要做,在整个自驾游过程中,都可以随时进行,停车休息的间隙就能简单做个自检,以便及早发现并排除隐患。另一部分则需要在启程之前到专业的汽修店或4S店来完成。

先说第一部分:自己动手就能完成的检查,按照由外而内的顺序进行。

首先检查车辆外观，观察车辆总体是不是平衡，玻璃有没有裂痕，前后牌照的固封扣要确保完好无损，特别是前牌照，四个安装孔都要固定。注意过一个现象吗？每逢大雨积水，有的车在涉水后，牌照就丢了，发生这种状况的，基本都是前牌照只装了两个固封扣，当车在水中前进时，牌照受到前方水的阻力，水在受到保险杠作用后还有向上挤压牌照的力，这两种作用力反复施加，再加上牌照下面两个安装孔没有螺丝固定，牌照就悄无声息地丢失了，在异地丢失牌照可是一件很麻烦的事。

检查完外观后，开始检查汽车的"鞋子"——轮胎了。

汽车轮胎对于行车安全至关重要，在高速行驶中发生爆胎，如果处置不当，后果非常严重。轮胎胎压过高会导致轮胎帘线受到过度的伸张变形，轮胎弹性下降，当遇到异物时，很容易扎入胎内，受到冲击产生内裂，造成爆胎；胎压过低，会造成行驶中胎温快速升高，轮胎变软，强度下降，在高速行驶时同样会导致爆胎。只有保持轮胎的胎压正常，才能有效降低爆胎概率。轮胎的胎压标准值一般在车门侧面或油箱盖内有标注，用胎压表可以准确测量每个轮胎的胎压是否合适。身边没有胎压表，可以通过观察轮胎着地花纹来简单判断。正常胎压的轮胎，一般着地面的花纹是4到6个，大于6个说明轮胎亏气，少于4个说明轮胎气压过高。

测胎压

接下来是观察轮胎磨损情况，轮胎胎面花纹之间的排水槽里，有一些小的凸起，用手可以摸到，这是轮胎的磨损标记，如果胎面花纹与这些小凸起持平了，说明磨损已达到极限，必须要更换轮胎

车辆安全检查

了。有的轮胎虽然磨损不严重，但胎壁有鼓包，那也必须要更换，出现此类情况说明轮胎内部的金属线圈已经变形或断裂，继续使用极有可能发生爆胎。

一个轮胎，通常情况下最大行驶里程不超过8万公里，保质期是4年，这两个条件达到一个，都要考虑更换轮胎。轮胎使用了多久，可以通过胎壁上的生产日期来快速判断，例如0415，就代表这条轮胎是2015年第4周生产的。

检查轮胎，也要包括备胎，这是很多人都会遗忘的事。备胎也要保持胎压正常，关键时刻才能马上替补登场，而且备胎也是有寿命的，通常是4年左右，有人认为备胎不用，就一直是新的，其实时间久了，备胎已经成了废胎，自驾出行之前准备一个随时可用的备胎很有必要。

车外检查完毕后，坐到车里继续检查汽车灯光，确保示廓灯、近光灯、远光灯、雾灯、转向灯、倒车灯及刹车灯都能正常工作。长途行驶，有可能遇到各种突发天气状况，及时开启车灯不仅仅是为了照明，更重要的作用是在能见度降低时，便于其他交通参与者及时发现你的存在，人眼对于运动中物体的识别，光亮是最敏感的。车灯还有一个作用，其是与其他车辆进行沟通的有效"语言"，例如在超车时，按喇叭就不如切换远近光灯的提示作用显著，把自己的行驶意图通过灯光准确传递出去，对人对己都是安全的。

检查车灯

检查车灯的时候可以请朋友帮忙，逐一开启车灯，在车外观察灯光是否正常。自己检查的话，可以在天色昏暗后，将车头（或车尾）

出发前注意事项 | 17

对着一面墙，距离三四米左右，逐一开启车灯，看墙面反馈情况，有的车型如果灯光出现故障，仪表盘上会有提示。

接下来是汽车喇叭，时响时不响，多半是喇叭开关内部的触点接触不好，喇叭声音沙哑，可能是插头接触不良，完全不响就要到汽修店去检查了，出发前要确保汽车喇叭可以正常工作。

接下来检查雨刮器，喷淋玻璃水并检查雨刮器是否有刮不净的现象，有过长途驾车经历的人都知道雨刮器多重要，即便是晴天，玻璃上也会沾染灰尘，在高速上行车，前挡风玻璃还会粘上各种小虫子的尸体，总不能随时停车下去擦玻璃吧，一个刮不干净的雨刮，会给行车带来很大麻烦，该换的就要换，同时检查玻璃水是否充足。

现在起动车辆，汽车会进行一次自检，仪表盘所有灯都点亮，然后依次熄灭，观察仪表盘上有没有故障灯亮起，具体参考车辆使用说明书，故障灯是行车电脑提醒驾驶人车辆是否有故障最直观的信号，故障灯亮起，意味着汽车某系统存在异常，对照说明书就能确认具体是什么故障，然后及时送去维修。行车过程中，这几个故障灯亮，是要立即寻找安全地点停车的。

1.机油报警灯

机油报警灯

机油报警灯在车辆起动时，可能会亮一下，但发动机起动后就会熄灭。如果一直亮着，那有可能是机油存量低于标准值，继续行驶，会产生严重的磨损。添加机油后，故障灯熄灭则问题解决，如果仍未熄灭，请尽快联系救援。

2.水温指示灯

一些没有水温表的车型会以指示灯的颜色显示冷却液温度情况，蓝色代表水温过低，熄灭代表水温正常，红色则代表水温过高。发动机最怕的就是缺油、缺水，水温指示灯点亮，代表冷却

水温指示灯

车辆安全检查

液温度过高,继续行驶会导致"开锅"。此时可以靠边停车,向水箱内添加冷却液或纯净水应急,过后要更换全新的防冻液。

3.发动机故障灯

车辆进行自检时会亮起,起动汽车后指示灯自动熄灭。如果起动车辆后这个指示灯依然常亮,则表示发动机系统可能存在故障,这个故障是无法自行排除的,需要到附近汽修店进行检查。

发动机故障灯

4.制动系统故障灯

制动系统故障灯

制动系统故障灯亮,先检查手刹是否放下了,如果手刹并没有拉起,故障灯还亮着,就要尽快到汽修店检查刹车油是不是没了,刹车片是不是薄了,感觉刹车确实有问题,不要勉强行驶,可以联系用拖车杠拖车。

5.转向助力报警灯

转向助力灯亮起,说明转向助力系统被削弱,或已经没有了,转向助力时有时无,在转向时存在巨大的安全隐患,这种情况也要尽快到汽修店检查,去的途中请把稳方向盘。

转向助力报警灯

6.胎压报警灯

胎压报警灯

这个灯亮起,很有可能是胎压异常了,应尽快停车检查。胎压检测系统有时会受到干扰而误报。但只要报警了就应下车检查,眼见为实,宁肯错信一千,绝不忽视一次。

这里列举的几样故障灯是常见且影响行车安全的,不同车型,故障灯样式也会有差异,随车带上车辆说明书备查吧。

上面说的这些就是自己动手完成的检查,下面要说的是在4S店或汽车修理厂完成的检查工作了。

出发前注意事项

聊聊自驾游 安全行车这些事儿

检查车辆各种油液是否正常，然后检查蓄电池电压是否正常，刹车片是否需要更换，如果你的车接近保养周期，不妨提前做一次全面保养。

现在了解车辆"体检"的全过程了吧，自驾归来，也可参考这些项目再次进行检查，以防高负荷使用之后出现问题，影响行车安全。

我们重新梳理一下自驾出行的检查项目。自己动手检查前大灯组、汽车喇叭、雨刮器、玻璃水、尾灯组、轮胎、备胎、随车工具。

4S店或汽修店检查各项油液、蓄电池、发动机、变速器是否有渗漏、刹车盘磨损情况。

工欲善其事必先利其器，检查好车辆后，开始准备随车物品。

❋ 车辆自检的黄金提示 ❋

1. 小隐患会带来大麻烦，坚决不开带病车上路。

2. 可换可用的零件，建议提前换新的，半路更换，费用也许可以买好几个。

3. 车上有空间，可以准备机油、玻璃水等简单地耗材，还有保险丝等小配件，以备不时之需。

4. 备用油桶不需要，因为加油站不会给你往油桶里加油，随车带着也不安全，多关注油表，还剩一半时就去加油。

一、非全尺寸备胎

汽车备胎按种类划分，可分为全尺寸备胎和非全尺寸备胎。全尺寸备胎就是规格与汽车四条原装轮胎规格相同的备胎，通常会采用与原装车轮相同的轮毂；非全尺寸备胎最明显的特征就是比普通

▶车辆安全检查

轮胎直径略小、宽度较窄，通常采用铁轮毂。如果你车上的备胎是非全尺寸的，在使用时要特别注意，这样的备胎对行驶速度是有限制的，一般不超过每小时80公里，由于它与正常轮胎差别较大，对车辆的制动性能和操控性都会有明显的影响，不能保证行车安全，所以只可用它来应急，不能长期使用。

汽车备胎

二、防爆胎真的永不爆胎吗

防爆轮胎准确的叫法是"泄气保用轮胎"，这种轮胎的胎壁中布满了很多坚硬的帘布层，当轮胎发生突然泄气时，能够依靠其坚硬的轮胎胎壁支撑车辆正常行驶相当长的一段距离，但它仅仅在轮胎失压的情况下发挥作用，如果在行驶中被坚硬的利器刮开胎壁，和普通轮胎一样也会"爆胎"的。就算你的车上安装的是泄气保用轮胎，也不要"肆意驰骋"。

三、能自行更换泄气保用轮胎吗

泄气保用轮胎对轮毂、悬架的结构是有要求的，只能使用EH2和EH2+型号的轮毂，并不是所有的车型都能适用，就算连轮毂一起换，悬架对车轮反馈的支撑力也会不匹配。标配了泄气保用轮胎的车辆在出厂前厂家对减震和悬架都进行了特殊的调校，自己更换会破坏整车平衡，对零部件造成损伤。

四、轮胎受损必须更换吗

可以补胎的情况：

（1）胎面损伤直径小于6毫米，例如被铁钉扎伤，不会很大程度地损伤轮胎的结构，钢丝、帘布和聚酯层只是穿了个洞，修补一下就没事了，修补后也可以更换掉，当作全尺寸备胎。

（2）胎面轻微破损。胎面受损轻微的可以通过修补的办法，延续轮胎的寿命。如果是跑高速，还是建议更换，保障行车的安全。

（3）胎侧轻微受损。如果胎侧只是掉了一些橡胶，是没有必要更换轮胎的。

必须更换的情况：

（1）胎面严重变形，花纹脱落，必须更换新轮胎。胎面变形脱落其实是受到胎体的影响，当胎体受到很大的作用力后，

受损胎

其内部的结构受损，最后导致变形，胎面也随之变形、开胶、脱落，这个时候，轮胎已经不能再使用了。

（2）当被扎胎面的孔径超过6毫米后，再修补也已经失去意义了，被扎的轮胎必须换掉，确保行车的安全。

（3）胎侧出现鼓包是帘布层的帘线出现断裂引起的，出现这种情况必须马上更换轮胎，更换不及时很可能会出现爆胎的危险。

五、读懂轮胎的密码

轮胎的胎壁上，有很多数字和字母组成的数据，这就是轮胎的"身份信息"，在更换时，你需要选择与自己车辆相适应的轮胎，每个数字和字母都有它的含义。

举个例子，205/55 R16 91W，这是轮胎的尺寸和规格，205指的是轮胎胎面宽度，单位是毫米，胎面宽度影响着胎面与地面的接触面积，接触面积越大，轮胎的抓地力越大，相应的阻力也就越大。

55是轮胎的扁平比，这是指轮胎横断面高度占其横断面最大宽度的百分比，通俗地说，这个数值越大，驾驶时感觉就越舒适，但在防侧倾时的抵抗力就弱一些，数值越小，操控性能就越好，但驾驶时感觉会比较硬。

R代表子午线轮胎,子午线轮胎是指轮胎的内部帘布编织排列方向与胎面中心线成90°角,形似地球仪上的子午线而得名。一般这种轮胎的胎冠部分会增加钢丝层,让其可以承受较大的内压应力,更适合高速行驶。现在的轿车普遍都使用子午线轮胎。

16是轮毂直径,也就是轮胎内圈的直径,单位是英寸,例如这个数字说明它适合的轮毂是16英寸的。

轮胎密码

91W指的是轮胎所承受的最大重量和最高车速,91代表615公斤,这个数字和载重量没有严格的换算公式,需要自己查表。

W指的是最快车速不得超过每小时270公里,这个也有对应的表格可以查。

轮胎上四位数字组成的是轮胎生产时间,后两位是轮胎生产年份,前面是周数,例如0814,代表轮胎是2014年第8周生产的,轮胎的橡胶会随着时间推移产生老化,建议你选择生产时间近一些的轮胎。

读懂这些数据,对于我们大多数驾驶人来说,已经够用了。

建议大家一定选择正规的商店去选购轮胎,如果你买到的是翻新轮胎,会给行车带来隐患。

六、有骨雨刷和无骨雨刷的区别

无骨雨刷只有中间的一点支撑点,是一个长长的胶条,带着很平顺的弧度。有骨雨刷是有多个支撑点来支撑雨刷,并且支撑点均匀分布。

无骨雨刷的优点是安装方便,使用噪声小,有骨雨刷的优点是由各个骨架支撑雨刮片,使雨刮受力更均匀,由于有骨架支撑,更容易刷掉雨水和清理大颗粒的脏东西。

雨刷

目前很多家用轿车、城市SUV基本上都是采用的无骨雨刷,因为无骨雨刷更换起来更加方便,并且更加适合城市使用,可以快速清理雨水,同时无骨雨刷由于受力点只有一个点,工作起来会轻很多,可以减轻雨刷电机的工作压力,也不容易损坏。

有骨雨刷则相反,由于骨架较多,占用的空间也大,在高速行驶过程中,有骨雨刷开启会有明显的声音,只要是没有骨架支撑的地方,受力就会下降,而有骨架的地方受力更重一点,因此刮得更干净,而受力大的地方就有可能因为受力太大,与玻璃发生摩擦而发出响声。

越野车使用有骨雨刷更多一些,特别是走一些泥泞的道路,有骨雨刷可发挥很大的作用,有很多泥巴无骨雨刷刮不掉,有骨雨刷可以轻而易举地刮掉,并且刮得很干净。

▶ 驾驶前的调节与检查

选好了车，做了车辆检查，也装备好了备用之物，这就可以出发了吗？别忘了还有几项是驾驶前需要调整的。

一、座椅调节

正确的驾驶姿势不仅可以保护驾驶人的安全，而且能够减轻驾驶人的劳动强度，利于操作各种装置，观察仪表盘及周围情况，从而保持充沛的精力进行操作驾驶，座椅调整要兼顾舒适和安全。

在进行座椅调节之前，首先要将身体紧紧挤压到座椅上，保证

出发前注意事项 | 25

臀部以及背部紧贴在座椅上，身体与座椅之间尽量不出现空隙，然后从调节座椅高度及靠背角度开始。

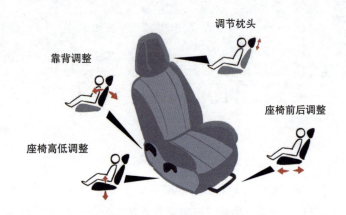

座椅调节

座椅高度的调整主要是为了调节驾驶人视线高度，尽量满足对车辆前方范围的观察需要。具体高度，以驾驶人眼部视线位于车辆前风挡垂直距离的中心偏上位置为宜，这是驾驶人的最佳视野。调节好高度后，将遮阳板放下，如果遮阳板没有对视线产生大面积遮挡，那这个高度就很适宜了。

座椅靠背的调节没有很明确的标准，长时间驾驶，腰部容易产生酸痛感，要保证靠背与腰背部之间有尽可能大的接触面积，这样在长时间的驾驶下偶尔切换靠背角度，来缓解腰部压力。一般靠背倾斜角度在100°~120°之间为宜，有的人把靠背角度调得很大，可是在驾驶时，并不需要你躺着进行的操作，这样做不合适。

座椅的前后调节要根据制动踏板（俗称刹车）位置决定。首先用右脚完全踩下制动踏板，左脚完全踩下离合器踏板（手动挡车型）或左脚放置于休息踏板上（自动挡车型）。此时，进行座椅前后距离的调整，在完全踩下制动踏板的情况下，驾驶人的膝盖应有一定的弯曲，大约120°为宜。

▶ 驾驶前的调节与检查

座椅太靠后，在踩制动踏板时，会踩不到底，如果发生事故，冲击力会对无法通过弯曲来缓冲的脚部和膝盖部分造成直接伤害，此外，震荡还会直接传递到盆骨以及下脊柱，造成连带伤害。

座椅太靠前，膝盖部位会过度弯曲，加速踏板（俗称油门）与制动踏板之间切换不灵活，制动时腿部也难以起到对身体的支撑作用，长时间驾驶会导致血液循环不畅引起不适、如果发生事故，膝盖与前仪台下方容易产生碰撞，造成伤害。

两腿膝盖之间应保持一定距离，若车内空间允许，可以将左右膝盖分别倚靠在一侧车门以及中控垂直于地面的面板上，以提供最为舒适的驾驶姿势。

座椅的前后距离调整到位后，将脚跟放置于地板上来，提供对身体的纵向支撑力，并用脚掌前半部踩踏踏板，然后在脚跟位置不变的情况下通过脚尖的移动在不同踏板之间切换。右脚脚跟应在制动踏板下方，这样能够保证踩制动踏板时及时迅速，用脚掌接触制动踏板，保证制动时的稳定线性控制。

如果驾驶自动挡车型，左脚无须踩踏离合器踏板，左脚应始终放在左脚休息踏板上以提供稳定的身体支撑力。

调整腰部支撑，使其适合你的腰部曲线。腰部支撑是下靠背的凸起部分。首先，调整腰部支撑的高度，使底部边缘与腰部齐平。然后调整支撑深度，使其完全填满下背部的曲线。

二、头枕调节

在交通事故所引发的人身伤害中，有很多属于颈椎受伤，例如在追尾事故中，人体突然受到向前的冲击力，头部无法跟上身体的运动节拍，这种身体和头部不协调的运动，最终都会施压到颈椎，从而导致颈椎损伤甚至造成死亡。汽车头枕能有效保护头部和颈椎，它的作用是和安全带、气囊一样的，专门保护驾乘人员的安全。但是头枕调节不当，就发挥不了作用。

出发前注意事项 | 27

头枕调节

在调节头枕高度之前,我们要做的是正确调整好座椅位置,接下来调整头枕高度至与头部平齐,或者头枕中间柔软部位与耳朵上沿平行,这个高度能在受到剧烈撞击的时候,有效保护头部和颈椎。头枕前后角度,以正常坐姿状态下,与后脑间距大约两指宽度为宜,调整好后再确认头枕卡扣是否入位。头枕过高,后脑只能接触头枕下沿部位,缓冲作用无从谈起;过低,颈部会以鞭打状态撞击头枕,易造成颈椎折断的致命伤。

三、方向盘位置调节

有的车型方向盘位置是可以调节的,这常常被忽略,方向盘的调节相比座椅更加影响碰撞时的安全性,驾驶人距离方向盘过近,在气囊弹出时会对身体造成额外伤害。

在进行方向盘前后调节前,先进行高低调节,此时在座椅位置固定的情况下尽量保证能够透过方向盘中心上方的空隙,清晰完整地看到仪表盘内信息。驾驶人正常坐姿时,双手握住方向盘3点和9点位置,手掌高度应略低于肩部,过高的握点可能在长时间的驾驶下造成肩部的酸痛。

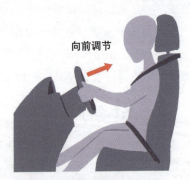

提拉方向盘

如果可以调节方向盘前后距离,使双手握住方向盘3点及9点位置时,肘部位置成120°弯曲。体型娇小的女性驾驶人还应尽量保证方向盘中心位置距离胸骨之间有大约30厘米的空隙,但也不要大于45厘米,这是为了安全气囊的良好工作提供条件,同时避免轻微碰撞时安全气囊误爆带来的额外伤害。

四、后视镜调节

从资料上看,早期的汽车是没有后视镜的。最早提出后视镜想法的人,是英国女赛车手多萝西·莱维,她在《女人与车》这本书中提到:车辆较多时,可以使用一面镜子观察车后情况。1921年,汽车后视镜正式诞生,这个汽车装置沿用至今已将近百年了。有些新手上路,只盯着前面,很少看后视镜,更不知道怎么调整后视镜,你还记得穿雨衣时,帽子两侧会遮挡视线吗?不看后视镜,和这个结果一样。后视镜就像驾驶人的第三只眼睛,帮助我们随时了解车外的情

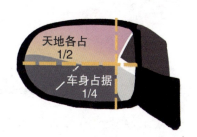

后视镜

况,想用好,就得先调好。保持正常坐姿,两侧外后视镜中,车身均占四分之一的位置,左后视镜中,地平线调到中间位置,右后视镜中,地平线放在三分之一位置,天空占一半,地面占一半,中间后视镜可以看到后风挡玻璃全景就可以了,这是国际上比较通用的调整方法。

还有一种方法是把头贴近左侧车窗,然后调整镜面角度,直到在镜中看不到自己的车为止,再把头挪到车前两座位之间,调节右侧后视镜至看不见自己车身。这种方法确实减小了两侧盲区,但没有自己的车身做参照,也带来了新的麻烦。

五、安全带的调节

安全带调节不是一拉一扣这么简单,正确使用安全带才能保护我们的安全,安全带肩部的位置是可以调节的,调节机构位于B柱和C柱附近,可以上下移动使三点式安全带适应不同身高的驾乘人员。

聊聊自驾游 安全行车这些事儿

系扣安全带

安全带肩带位置太高，有可能割伤人员颈部；安全带肩带位置太低，容易滑脱导致无法限制驾乘人员身体前倾。调节安全带高度，以安全带肩带跨过肩部的中央为宜，肩带应跨过胸腔，腰带应该紧贴髋骨，这样在事故发生时冲击力会作用在我们的骨骼上而不是柔软的内脏器官上。

系好安全带后，卡扣会发出"咔"的一声，拉扯一下安全带确保安全带锁扣已经扣好且没有损坏。

❖ 调节的黄金提示 ❖

1. 换驾驶人时，不能嫌麻烦，需要重新做适应性调整，每个正确的调节都事关安全。
2. 有人喜欢把座椅调得很靠前，"抱着"方向盘驾驶，觉得这样才有安全感，其实这样做的感觉是虚幻的，危险却是真实的。
3. 无论怎么调整后视镜，盲区都是存在的，配合侧头扫视的动作，可以消除盲区。
4. 头枕与舒适无关，是为了防止挥鞭伤。
5. 所有调节都是在停车时进行的，驾车过程中，严禁进行任何调节。

 小知识

一、方向盘正确握法

方向盘是驾车时接触最多的部件，由于没有明确的操作规范，所以关于方向盘的使用，也是五花八门，平时驾车还好，遇到紧急

出发前注意事项

▶ 驾驶前的调节与检查

情况，太随意的操作，会令你无法避险。下面为你推荐一个比较公认的操作方法。

把方向盘看成一个表盘，左手9点，右手3点的握法是比较合理的，仔细观察方向盘两侧，这里有适合拇指的凹槽，这样的握法，可以在需要躲闪时，最大幅度转向，回正时可以准确回到正位。向右转动时，左手向上推，右手顺势往下拉，两只手同时用力，当两只手臂即将交叉时候，放开右手，在6点位置左右；待左手推方向盘转动180°左右，用放开的右手去接应方向盘的9点位置。这是在保证安全的前提下，转向速度最快，单次转向角度最大的方法。

方向盘点位握法

10点和4点握法，在需要紧急躲避时，方向盘只能旋转160°左右，比3、9点少了30°，在障碍物面前30°左右的转向角也是有可能影响躲避的。

左手搭在12点位置，右手搭在中央扶手上的操作也是很常见的，这样做有一个潜在的隐患，就是在发生碰撞的时候气囊弹出，胳膊很可能受到冲击，被弹出的手臂还有可能伤害到你的脸和身体。

单手搭在6点位置确实很舒服，但遇到紧急情况时，由于受到关节限制，左右打方向幅度非常小，非常不安全。

也许你会说"我都用其他握姿开了很久了，从来没出过任何差错"，但如果真的有一天有一个事故是因为没有正确握方向盘导致的，那后悔已经没用了。

二、正确的乘车姿势

乘车也有正确的姿势？是的！先说说那些常见的错误乘车姿势。

一是坐副驾驶位置，把腿翘在中控台，或坐后排，把腿翘在

出发前注意事项

前排靠背后。在长途乘车时，乘客也容易疲劳，虽然这种姿势很舒服，但在车辆行驶中，不要这样做，副驾驶位置的乘客把腿放在中控台上，直接影响驾驶人观看右侧后视镜，如果车辆发生碰撞，气囊直接弹到腿上，而人会被撞成"V"字形，你的腰承受得住吗？

正确乘车姿势

二是把头或手伸出车外。这可是违禁行为，《道路交通安全法实施条例》第七十七条，乘坐机动车应当遵守下列规定：机动车行驶中，不得干扰驾驶，不得将身体任何部分伸出车外，不得跳车。身体任何部位伸出车外，都可能被外物碰伤。

三是坐在副驾驶位置，座椅靠背放平躺着。有句话叫"舒服不如倒着"，这样确实很舒适，但是安全带的保护作用就无从谈起了。

四是平躺在后排座椅。试想一下，当车辆急刹或者碰撞时，躺在后排的乘客，会完全没有准备地被惯性推到前排座椅靠背。

说了这么多错误的乘坐姿势，什么才是正确的姿势呢？

首先系好安全带，双手放在不影响驾驶人视线的地方，如果要放在中央扶手上，注意不要影响驾驶人进行换挡等操作，在遇到颠簸路段时，需要用手拉住顶棚的把手，保持坐姿稳定。

三、自驾游线路规划

自驾游免去了抢票、候机、转车的烦恼，行程、时间也完全自主掌控，灵活度很高。但与其他方式的旅游相比，自驾游需要提前做的功课也最多，制定一份详细的计划，才能拥有一段美妙的旅途。

首先确定总天数，建议不要安排得太满。例如你有5天的假期，行程最多按4天来计划，路上不可预知的情况有很多，因道路、天气或交通事故等原因耽搁行程在所难免，怎么也要预留至少1天的时间

▶驾驶前的调节与检查

当作备用。

　　从居住地到目的地之间的路线,首选高速公路和国道,这些道路都有完善的交通标志标线和加油站等服务设施。现在的导航软件,可以实时更新前方路况信息,全程收听导航语音提示,遇到前方高速公路行驶拥堵,及早从最近的收费站驶出,走国道绕行。

线路规划

　　每天的行程时间,根据道路情况和沿途景点来确定。走高速公路,每日计划行程不超过600公里,驾驶时间控制在8小时以内。其他道路,每日计划行程不超过300公里,驾车时间控制在6小时以内。每天早出发,尽量不安排夜间行车。自驾游不是疲于赶路,如果为了节省时间,可以选择飞机和高铁。

　　每天的行车路线要规划两条,一条首选,一条备选,还要把途中休息地点,吃饭、住宿地点都设计进去,有计划的休息,可以最大限度地避免疲劳。

聊聊 自驾游 安全行车这些事儿

随车携带物品

长途自驾，谁也无法保证半路上不发生任何意外情况，在尽量不增加负重的情况下，随车携带一些实用的工具，是很有必要的。个人生活物品、药品等按照实际需求准备，除了必须携带的驾驶证、行驶证、身份证和保单外，下面列举的物品，建议集中放在整理箱中携带，以备不时之需。

1. 拖车绳或拖车杠

长途自驾，有时两个城镇之间距离会很远，车辆发生故障后，联系修理工到现场修车并不像城市中那样能"召之即来"，这时最靠谱的就是委托其他车辆协助拖车了，当然，前提是你在非高速公路上。无论是用软连接还是硬连接，在拖车过程中都要遵守下列规定：①被牵引的机动车除驾驶人外不得载人，不得拖带挂车；②被牵引的机动车宽度不得大于牵引机动车的宽度；③使用软连接牵引装置时，牵引车与被牵引车之间的距离应当大于4米小于10米；④对制动失效的被牵引车，应当使用硬连接牵引装置牵引；⑤牵引车和被牵引车均应当开启危险报警闪光灯；⑥转向或者照明、信号装置失效的故障机动车，不可以自行拖车，应当使用专用清障车拖曳。

拖车绳　　　拖车杠

拖车工具

使用软连接拖车时，前车要缓慢平稳起步，等拖车绳绷紧后，再缓慢加油，正常行驶；后车驾驶人随时观察前车距离，沿前车的行驶轨迹行驶。使用硬连接拖车时，前车驾驶人应控制好车速，需要减速时提前预判，多用收油减速的方式，靠后车牵阻和拖带的作用，达到减速和停车的目的。

特别注意：牵引故障车，最高行驶速度不得超过每小时30公里，在高速公路上发生故障或者交通事故，无法正常行驶的，应当由救援车、清障车拖曳、牵引。这都是法规的明确规定。

2. 搭电线

蓄电池也是有使用寿命的，自驾出行之前的车辆检查包括这一项，电瓶有问题，当换则换。在使用过程中，如果有失误，例如停车后长时间使用电气设备，晚上忘记关车灯，也有可能一夜之间电量耗尽，无法起动车辆。手动挡车型还可以通过推车助燃方式起动，自动挡车就必须靠搭电线了。

两车间搭电线

搭电线使用程序是，先找来救援车，车头与自己的车头相对，然后车辆熄火，打开无电车的引擎盖，找到蓄电池，把搭电线红色一端夹紧蓄电池正极位置，红线的另一端接到救援车蓄电池的正极位置，一定要正极连正极，千万不要碰到蓄电池负极和车身金属等部位，防止短路造成蓄电池烧毁。

黑色搭电线一端先与救援车蓄电池负极连接夹紧，另一端接到无电车蓄电池负极上，就完成接线了，记住，红正黑负，先红后黑。

先起动救援车，确定无电车所有用电设备都处于关闭状态，然后再起动无电车，如果还打不着，就让救援车空踩加速踏板拉高转速再起动。无电车起动后让发动机空转一会，给蓄电池充一下电。

无电车正常运转后，就可以拆下搭电线了。拆卸顺序与搭线顺

▶随车携带物品

序完全相反，先拆下无电车的负极连接，再拆救援车负极连接，然后拆下救援车正极连接，再拆无电车正极连接，整套程序就完成了。

常说的"停车时要把车头向外"，也是有这个原因考虑，如果车头对着墙，遇到电瓶没电了，还怎么用搭电线来救援呢？

3. 多功能手电筒

这也是一个很好的工具，在夜间车辆出现故障时，除了能提供照明，便于排查处理外，还具有闪光报警灯功能，有些手电筒里还集成了螺丝刀、安全锤等功能，一物多用。建议放在车前扶手箱内，随时取用。

多功能手电筒

4. 防滑链

在冬季或去往高寒地区自驾，车上应该准备防滑链，去高海拔地区也要准备，海拔超过一定高度的地方，下雪就不再受季节的控制了，属于局部小气候，真的遇到路面结冰，没有防滑链那只能是步步惊心，困在山路上就会寸步难行，为了方便，请随车准备着。

捆绑防滑链

防滑链一般是由钢链或橡胶链制成，按照结构可以把防滑链分为两种：一种是已经接成罩状的防滑链；另一种是交叉安装的几根单独的防滑链，它比较简单便宜，但安装不如前者方便。

铁链或钢链，使用范围很广，也是最常见的一种。优点是价格便宜，结实耐用。缺点是噪声大，拆装困难，更适用于大型货车。

牛筋链是近来开发的一种比较现代的车辆防滑设备。打开后是一整体，像围巾一样，中间有数个菱形图案，上面布有数枚钢钉，

出发前注意事项 | 37

其安装方便只要将防滑链平铺在地上,将车慢慢开上去再兜起来固定在驱动轮上即可,缺点是容易断裂。

橡胶链和牛筋链相似,只是使用的橡胶质量很好可以有很强的拉力,而且在橡胶中布置了抗拉力的尼龙丝。如同车胎一样,尼龙丝起着耐拉和加强的作用,在橡胶上有钢钉起防滑作用。虽然外观类似牛筋链但是整体厚度和网格形状都要大于牛筋链。

钢丝绳防滑链是最近才在国内销售的。特点是安装快捷,而且寿命很长,适合各种车型。

安装防滑链,首先确认你的车是前轮驱动还是后轮驱动,因为链条必须钩在起主要作用的那组轮胎上。安装前要尽可能地把轮胎周围的雪清理掉,整理出一个平坦的路面。把链条在轮胎下面铺开,将连在地面上的每一个链的第一个档靠在轮胎上。确认链条布满颗粒的一面朝地,这是链条起增大牵引力作用的部分。如果你的车是后轮驱动,就要将链条倒退着咬紧。如果是前轮的,就要向前推动。检查确认每一个轮胎是否都固定住了链条,每一面都搭接了一股齿轮。在轮胎的轮毂罩边上每个金属钩都以十字形的方式交叉固定。这样可以确保链条不会滑落。链条安全装好后,能给你在积雪的道路上行驶提供牵引力。

5. 车载充气泵

万一轮胎亏气,总不能用嘴吹吧,轮胎又不是气球。一个简单的充气泵占不了多大空间,而且还可以当作胎压表使用,在通过特殊地形时,例如沙地、泥泞路等,有可能需要降低胎压来增大轮胎接触地面的面积,驶过之后再重新充满气,带上一个充气泵很有必要。

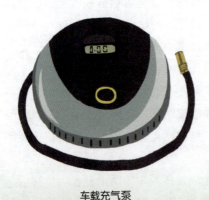

车载充气泵

▶ 随车携带物品

6.灭火器

说到这个，很容易联想到这段话，"走高速的注意了，全国高速公路路口从X月X日开始查车上的灭火器、三脚架，如果没有，扣6分、罚200元，扩散啊！"。汽车（三轮汽车除外）应装备符合 GB 19151 规定的三角警告牌，三角警告牌在车上应妥善放置，这个是必须带的，对于普通的小客车，没有必须配备灭火器的要求，但是仍建议你随车携带一个小型灭火器，在车辆发生自燃时，只有它才能解燃眉之急。

灭火器

绝缘手套

7.绝缘手套

绝缘手套是选用天然橡胶制成的，如在紧急情况下现场维修车辆，除了能让双手保持清洁，关键是还有隔热的作用，在处理用电设备时也能避免触电。

上面说的都属于"选配"装备，下面的物品是必配的。

1.三角警告牌

三角警告牌是由塑料反光材料做成的被动反光体，驾驶人在路上遇到突发故障停车检修或者是发生交通事故的时候，利用三角警告牌的回复反光性能，提醒其他交通参与者注意避让，以免发生二次事故。

法规规定：机动车在道路上发生故障或者发生交通事故，妨碍交通又难以移动的，应当按照规定开启危险报警闪光灯并在车后设置警告标志（即摆放三角警告牌），夜间还应当同时开启示廓灯和后位灯。机动车在高速公路

三角警告牌

出发前注意事项

聊聊自驾游 安全行车这些事儿

上发生故障时，警告标志应当设置在故障车来车方向150米以外，车上人员应当迅速转移到右侧路肩上或者应急车道内，并且迅速报警。

关于三角警告牌的使用，是驾驶人应当履行的法定义务，很多人对此不以为然，要知道这不只是关系到个人安全的事，还会威胁到其他人的生命！

2.千斤顶和工具

这个不用多说啦，只带着备胎，不带千斤顶和工具，备胎如同没带一样，这些东西都是车辆出厂时就配好的，有的和备胎放在一起，有的在后备箱隐藏的空间里。

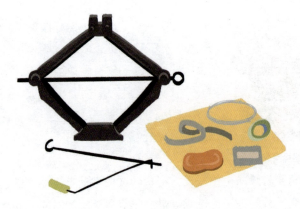

千斤顶及其配套工具

很多驾驶人开了很多年车，都不会换备胎，这个技能要在出发前练习一下。

换备胎前，将车辆停放在安全地点，熄火、拉紧手刹并开启危险报警闪光灯，车后摆放三角警告牌。取出要更换的备胎和工具，用随车配的扳手，按照对角线的方式，逆时针方向逐一将要换掉轮胎上的几颗螺丝拧松，俯身寻找汽车底盘上专门承载千斤顶的大梁，它应该与随车配的千斤顶上的凹槽相吻合，将千斤顶放在下

▶随车携带物品

面,然后升起千斤顶,把车辆抬升到轮胎稍微离地的高度即可,这时取下全部螺钉,卸下坏掉的轮胎。为了安全起见,把卸下的轮胎垫在车下,以防万一车辆从千斤顶上滑脱。然后把备胎上的螺钉孔对准螺钉的位置装上备胎,还是按对角线方式依次拧上螺钉,不要拧紧,然后将千斤顶降下至轮胎落地,再用扳手将螺钉逐一拧紧,收起千斤顶和换下的轮胎,取回三角警示牌,这就是一个完整的换备胎流程,可以在出行前提前实践一次。

以上所有罗列的物品,可以集中放在一个整理箱内,另外再准备布条、肥皂、铁丝、口香糖和胶布,这几样小东西,可以用来应急维修,后面会讲到它们的具体应用。

说过了应该携带哪些东西,再来说说应该丢掉哪些东西。

1.安全带卡扣

这是个十分害人的发明,行车前电脑检测到没系安全带会发出声音报警,居然有人用卡扣来骗电脑,这是在和谁过不去呢?

安全带的作用无须多言,不必质疑汽车安全技术如此发达的今天,它是否还有存在的必要,自发明之日起,安全带就是汽车必备部件之一,足以见得它的作用无可替代。

不系安全带的人,大多持有这三个观点,一是车速慢,可以不系。二是我的车上有安全气囊,不系安全带照样也安全。三是系不系是我个人的事,跟别人无关。真的是这样吗?

禁止使用安全带卡扣欺骗电脑

我们曾经做过一个试验,将试验车的车速设定在每小时20公里,这已经是非常慢的速度了,然后模拟碰撞,从试验数据上看到,没有系安全带的假人,头部受到的最大冲击力相当于110公斤,系了安全带的假人,头部只受到约55公斤冲击力。从事故发生到身体碰撞的时间只有0.2秒,人的反应时间大于0.3秒,所以,只有系好安全带才能避免人的身体与车内物体发生撞击。

车上有安全气囊,安全带就没用了吗?事实上,安全带和安全气囊是共同组成的防护系统,当发生碰撞时,安全带首先抑制乘员向前冲,接着安全气囊爆开把乘员接住,进一步缓冲乘员的前冲力。没有安全带的拉力,人体会直接撞向正在爆开的气囊上,相当于别人出拳,你的脸主动迎上去,这滋味会好受吗?气囊是对安全带的补充,决不能代替安全带。

那不系安全带是否只关系到个人安全呢?在事故发生时,不系安全带的人会对周围人造成各种撞击伤害,特别是后排乘客不系安全带,会对前排乘客造成二次撞击,系不系安全带可不是个人的事,关系到全车人员的安全。

车上有这个卡扣的,赶紧扔掉,做得再精美,也是一张"画皮",挡不住它要吃人的本质。

2.方向盘套

别给方向盘加套,无论做工多好。方向盘的大小粗细是根据人体工程学原理设计的,加了套就会破坏这个设计,变得不宜掌控。防滑、耐磨、易操作才是正道,为了驾驶安全,不要安装方向盘套。

不要给方向盘加套

3.仪表台上的物品

仪表台上放置的任何物品,例如香水瓶,摆件等,都应该拿走。万一发生事故,这些物品都有可能在车内乱飞,对司乘人员造成伤害。

不要摆放物件

4.前后玻璃挂件、摆件

前挡风玻璃附近的各种挂件,在车辆行驶时,必定会来回摆动,妨

▶ 随车携带物品

碍驾驶人的视线，有害无益；后挡风玻璃附近摆放的物品，妨碍驾驶人通过中央后视镜观察车后情况，也应该移走，确保视线无遮挡。

该装的都装好，该拿走的都拿掉了，现在可以坐到你的车里，进行各种调节工作了。

不要挂挂件

❋ 整理物品的黄金提示 ❋

1. 有用的必须带，没用的必须扔。

2. 装载物品多用整理箱进行分类，方便查找使用，也能避免在车内来回滚动。

3. 根据测算，载重每增加 10 公斤，油耗就会上升 1%。

📢 小知识

1. 物品如何装载

往车上装载物品，要注意保持车辆平衡性，较重的行李应该均匀放置。把最重的行李箱放在车后备箱里，与后排座椅的中间位置齐平，然后再向两边装较小的物品，防止行李箱左右晃动。后备箱不要塞得太满，如果后备箱塞得太满而途中需要换备胎，物品可就要堆放满地了。一些在路上可能会用到的东西，应该最后放进后备箱，这样它们就能方便

随车行李

出发前注意事项 | 43

取出。

车顶行李架和行李箱装载物品,也要考虑重量平均分配,否则就会影响车辆的稳定性,开放式的行李架载物,把最重的行李放在中央位置,高度较低的放在前面,较大的东西放在后面,这样符合空气动力学,最后一定要捆扎牢固,否则行车时物品可能会飞出,不但造成财产损失,还会严重威胁后方车辆通行安全。

2.可以安装车顶行李箱吗

可以的,但是关于行李箱的规格是有规定的。法规规定:载客汽车行李架载货,从车顶起高度不得超过0.5米,从地面起高度不得超过4米。选配行李箱时,测量一下高度,别超过规定就可以了。

车顶行李箱

3.可以外挂自行车吗

爱好运动的朋友会有这个想法,在车顶或车尾安装个架子,挂上自行车到当地骑行,这样挂自行车是否允许呢?法规规定:机动车载物不得超过机动车行驶证上核定的载质量,装载长度、宽度不得超出车厢;载客汽车除车身外部的行李架和内置的行李箱外,不得载货。载客汽车行李架载货,从车顶起高度不得超过0.5米,从地面起高度不得超过4米。

也就是说除了车顶行李架上和内置行李箱外,都不允许载货,除非你的自行车可以折叠放进行李箱内,挂在车尾肯定是不可以的,如果放在车顶上,高度会低于0.5米吗?放弃这个想法吧。

▶随车携带物品

不可外挂自行车

4.拖挂一辆房车可以吗

法规规定：小型载客汽车只允许牵引旅居挂车或者总质量700千克以下的挂车。挂车不得载人。

外挂车的限制

不同路况的安全驾驶要领

▶ 高速公路

新手容易认为，高速公路驾车最为简单，甚至有上高速公路练车的想法，这是一种初生牛犊不怕虎的错误想法，实际上，高速公路驾驶可没有你想象的那样简单。

即使你过了实习期，走高速公路也需要一定的驾驶经验。高速公路具有很大的迷惑性，新手觉得这里全封闭、全立交，没有非机动车和行人，车流量也小，可以尽情驰骋，不知不觉地也就放松了警惕，殊不知，正是由于车速快，会把任何一个驾驶中的小问题都放大化。如果你平时有驾车看手机的习惯，当车速为每小时40公里时，低头一秒钟，车辆行进了11.1米，在高速上车速为每小时100公里时，一秒钟可就前进了27.7米，你敢想象在高速公路上盲开28米是什么后果吗？这个距离内出现任何小状况，你都毫无反应时间，这就是"速度加快，后果放大"。

车速快，本身对驾驶人也产生影响，视距随着车速上升而变化，普通驾驶人的前视距约3到6秒，当车速为每小时70公里时，前视距约为60到110米间；当车速为每小时100公里时，前视距有80到160米左右。车速上升不只是影响驾驶人视距，视野也随之变窄，例如当车速为每小时60公里时，视野范围为75°，当车速提升到每

不同路况的安全驾驶要领

小时100公里时,视野角度仅为40°,驾驶人因获取信息的时间不足,一旦出现情况,就没办法及时做出应对了。

速度快还会加重损害结果,在发生撞击事故时,车体质量和相对速度是影响事故严重程度的主要因素,在车体质量已定的情况下,相对速度越快,撞击程度、车辆损毁程度、对人员的冲击力等也就越严重。至此,还认为高速公路驾驶简单吗?

《机动车驾驶证申领和使用规定》中规定:驾驶人在实习期内驾驶机动车上高速公路行驶,应当由持相应或者更高准驾车型驾驶证三年以上的驾驶人陪同。这是新手唯一不能单独驾驶的情况,由此可见,高速公路驾驶,真的需要你十分谨慎地对待,下面,我们逐一化解高速驾驶中的难题。

一、车距

交通法规规定:……高速公路上行驶时,如果车速超过每小时100公里,与同车道的前车要保持100米以上的距离,车速低于每小时100公里时,与同车道前车距离,最小也不能小于50米。

这个规定比较宽泛,只有两个不低于,实际驾驶中,有的人对此不以为然,在高速上跟车就像在市区一样,紧随其后的大有人在,他们完全不给自己留反应的时间和空间,你可知道,如何正确地跟车关乎生死。

驾驶人从眼睛看到情况并开始反应做出正确的判断,再到实施

▶ 高速公路

操作,是需要时间的,根据测算,从发现情况到大脑进行判断再支配手脚进行操作,这段反射时间大约是0.38秒,右脚离开加速踏板转移到制动踏板上的时间约为0.23秒,踩下制动踏板到制动器起作用达到制动效果,约需0.8秒,综合判断,驾驶人采取紧急制动的总反应时间大约是1.5秒。

车距判断

一辆小客车以100公里每小时的车速行驶,每秒钟前进距离是28米,1.5秒就是42米,这个速度下猛踩制动踏板到停车,在正常干燥的路面大概需要45到50米的距离。这样算出的结果就是你驾车以100公里每小时的速度行驶,处置紧急情况至少需要90米的距离。你没有与前车保持这个距离,一旦遇到突发情况,那后果只能是撞车了,这是经过科学计算后得出的结果,你技术再高超也不可能突破人的生理极限。

道理讲完了,新手会有疑惑,路面上又没有标尺,我怎么判断距离呢?其实高速公路上有时会出现类似人行横道的标线,旁边还有标志牌,0米、50米、100米、200米,这就是供你判断跟车距离的。

还有一个比较实用的"三秒法则",就是在行驶中随意选取前方一个固定参照物,例如一块标志牌,当你的前车驶过那个参照物后,在心中默念三遍安全驾驶,念完的时间恰好是3秒,此时你的车到达参照物,说明这个跟车距离是安全的,还没说完三遍就到了,那就再拉开些距离以确保安全。用这个方法,可以随时自己判断跟车距离。

不同路况的安全驾驶要领

高速公路的车道分界线，白线长6米，间距长9米，一组标线就是15米，我们也可以借助地面标线粗略判断距离。最小跟车距离不能少于4组标线，建议保持7组标线距离。

当你保持了安全车距，有车变更到你行驶的车道内，打乱了跟车距离，此时怎么办？应检视一下车速表，了解自己在高速上的行驶速度，是否符合法律规定？高速公路同方向有2条车道的，左侧车道的最低车速为每小时100公里；同方向有3条以上车道的，最左侧车道的最低车速为每小时110公里，中间车道的最低车速为每小时90公里。如果你的车速低，反而长时间占据第一车道行驶，自然会被频繁超越，按照自己的车速，选择相应车道行驶，保持好自己的节奏，就是安全的。遇到车距被打乱，可以松一下加速踏板，随时调整跟车距离。

还有一点要注意的是你与后车的车距，这个就很难把控了，因为你决定不了后车与自车的距离，时常扫视后视镜，如果发现后面紧跟着一辆大型车，那最好尽早变更一条车道，被大型车追尾的后果会非常严重。如果是小型车跟自车太近，可以采取轻点制动踏板的方式，通过频频亮起刹车灯提示后车保持安全距离。这也是一种汽车灯语，意思是"离我远点"。

与前后车都保持了安全距离，就避免了被"前后夹击"的危险。

二、变更车道

变更车道是一个再平常不过的操作了，法规对于它的相关规定，除了在变更车道前开启转向灯外，只有简单的一句话：变更车道的机动车不得影响相关车道内行驶的机动车的正常行驶。就是说，你的整套变道动作，尽量让其他车辆无需因你的动作而去减速避让。

在高速公路上的变更车道操作与普通道路上的操作相比，程序完全相同，但有两个特点，一个是"长"，一个是"短"，长是需要的距离很长,短是打方向盘转动距离短。

变更车道第一步不是看前,而是看后,因为你变更车道的操作,主要是影响你要变入那条车道上的后方行驶的车辆,通过车内后视镜和外后视镜观察后方车辆通行状况,后车距离较近或车速较快时,放弃变道的想法,让他车先走。

第二步是开启转向灯,观察情况后觉得可以变更车道,开启转向灯,将你的下一步意图传递给其他车辆,这是在你打方向盘之前要完成的,不要一边开转向灯一边打方向盘,那样会完全失去开转向灯的意义。

同向变更车道

第三步是再观察后方车辆情况,如果你开启转向灯后,后方车辆切换远近光灯提示,那表示对方不希望你变更车道,也许有你没发现的情况,也许人家正在提速,另外这次观察,要加一个转头扫视的动作,扫视的是后视镜盲区内是否有车。

第四步是提速和转动方向盘,变道肯定是一个加速的过程,车速提升,才不至于给后车造成影响,转动方向盘的幅度则要尽可能地小,因为此时你处在高速行驶中,摆动幅度越小越安全。

一次变更车道所需要的距离,应与你的车速相匹配,也就是说,当车速为每小时100公里时,安全的变更车道所需距离,至少也要100米。如果车速快、打方向盘幅度大,即便车辆有电子车身稳定系统,也有可能出现失控。

记住,每次只能变更一条车道,在行驶一段距离后,才可以再变更到另一条车道。连续变更车道,必定会导致对后方车辆通行状况观察不周,很容易发生事故,这是铁律。

三、超车

超车是变更车道操作的延伸,是一个"瞻前顾后"的动作,不只要顾及后车,还要与被超车辆进行良好的互动。

高速公路遇到下面四种情形,严禁超车。一是高速公路的出入口附近不超车,在这个区域,地面的标线一般会施画为白色单实线,就是禁止变更车道和超车,但这里也确实容易发生因错过出口而急刹车、变更车道的情况,甚至还有突然停车、倒车和逆行的车辆,这都属于严重的交通违法行为,途经此区域要有所防备。二是服务区的出入口附近,道理等同于高速出入口。三是经过弯道时不能超车,超车是个加速的过程,走弯道要减速,这本身就很矛盾,如果你非要在弯道加速超车,那样做也许会失控、侧滑,另外弯道存在盲区,超车时遇到盲区内有情况,来不及做出应对。四是前车在超车时,不要跟随超车,不只在高速上,任何情况下都不要跟随一辆正在超车的车,前面的车在超车后,会驶回原车道,而你在跟随超车过程中,必定是在加速,当前车突然变回原车道了,此时若是前方有异常,你就直接暴露在危险面前了,应该等待前车超完车之后,你再开始车。

小心超车

避开以上四种严禁超车的情况,还应掌握变更车道安全超车的六个步骤。

第一步还是观察路况,在观察后方车辆通行状况的同时,判断被超车辆的车速是否低于你的车速,即你的车速要明显高于被超车,也要高于后方车辆行驶速度。

▶高速公路

第二步是开启左转向灯。法规是禁止右侧超车的,因为我国车辆的驾驶位置都在左侧,从前车右侧超车,盲区远远大于左侧,开启转向灯后再观察一遍前后车的行驶状况,扫视盲区。

第三步是提速,打方向盘,在与被超车并排行驶前,要切换远近光灯并按喇叭提示,防止被超车突然变更车道。

第四步是观察被超车没有变更车道的意图后,再加速,尽量减少与被超车并排行驶的时间,快速超车驶过。

第五步是超过被超车辆的车头后,开启右转向灯,保持当前车速,继续向前行进。

第六步是从右后视镜观察被超车辆,确认拉开安全距离后,变更回原来的行车道。

确保超车安全的最关键点是,永远没有理由冒险超车,当面临可超可不超的情况,一定选择不超车。

四、制动刹车

高速公路怕的不是走得快,而是突然降速(刹车)猛停,当整体车流速度都很高时,出现一辆速度突然降下来的车,肯定是这辆车最危险,你能刹得住,不代表别的车也可以,刹车不能只考虑自己,也要考虑周围车辆。

尽量避免急刹车(紧急制动)的操作,降低车速要慢减,给其他车辆留出刹车的时间,多用点刹车代替长踩刹车。

避免急刹车(紧急制动)是有"技"可循的,一个是养成下意识动作,只要前车刹车灯亮,就跟随刹车,无论什么原因,都跟随降速,下一步的操作才会更从容,前车降速你不降,难免就是一次急刹车。网上有句话叫"大难不死,必有后车",你可以多看看事故

不同路况的安全驾驶要领 | 55

案例,说的就是前车刹车时,不跟随减速,等非常接近了突然急刹车,虽然自己停住了,但马上被后车撞个正着,这是因为你忽视了自己后面还有别的车。另一个就是经过易发生事故区域,比如高速路出入口,要备刹车,右脚从加速踏板移到制动踏板上,随时做好踩下去的准备,驶过危险区域后再加速。

避免急刹车

五、出入口

出入口是高速公路事故多发区域,有的车辆会在临近出口时突然变更车道、停车,或是在匝道与主路之间的导流线区域停车、找路、查导航信息,甚至还有错过出口的车辆冒险倒车、逆行,这都会对其他车辆的安全产生严重的威胁。而入口处最大的危险是常会有车辆突然并入主路。

对于要驶出高速公路的车辆而言,必须提前做好准备,高速公路在临近出口2公里、1公里和500米位置会连续设置提示牌,打算从这个出口驶出,在见到第一块提示牌时,就要慢慢变更至最右侧车道,同时开始减速,驶出的匝道肯定是一个弯道,一般限速每小时40公里,在接近匝道时,车速应降低至每小时60公里以上,平稳进入匝道。

正常行驶的车辆在接近出口区域,建议走最左侧车道,避免有车辆突然驶向出口。

驶入（出）高速路

对于从入口驶入的车辆，进入主路后，右侧会有一条供加速的车道，要在这条车道上尽快将车速提升至每小时60公里以上，然后开启左转向灯，逐渐并入主路。

六、停车

这里所说的停车，是因前方有事故或拥堵而不得不在主路上停车的情况，面对前面车辆排队等候，请提高警惕，千万不能紧跟前车突然停车！试想一下，你的后面可能会跟着一辆大型车，它的刹车距离远比你的停车距离要长，万一刹不住车呢？当发现前方拥堵时，就开始点刹车，通过频繁亮起刹车灯，把危险信号传递下去，让后车及早做准备，在停车时与前面车辆保持10米左右的缓冲距离，直到你后面停了5排车以上，才基本安全了。

行驶中停车

如果后面的车不停地按喇叭或不停地闪灯，那它一定是刹不住车了，此时你必须要加速往两边躲避，这也是老司机喜欢走高速公路中间车道的原因，遇到此情况，左右两边都有空间可以避险，可"左右逢源"。如果行驶在最左侧车道,那你只有向右边躲避的空间,此时如果右边有车,你就无路可行了。

七、故障或事故

如果你驾驶的车辆在高速公路上发生了故障,需要停车排除故障,与普通道路处理的程序相同,请立即开启危险报警闪光灯,将车移至不妨碍交通的地方停放,例如应急车道。

如果车辆无法移动,必须持续开启危险报警闪光灯,并在来车方向设置警告标志牌,必要的时候迅速报警。

三角警示牌要放在车后至少150米的位置,对距离把握不准的,可以参考路面的车道分界线,一条实线加一个空档的距离是15米,面向来车方向,从护栏外走出10组标线的距离,在后方没有来车时迅速摆放好三角警示牌,然后从护栏外返回。故障排除后,先收警示牌,再关闭危险报警闪光灯。

停车时摆放"三角警告牌"

如果是发生交通事故,没有造成人身伤亡,双方对事实及成因无争议,可以在做好防护措施后,用手机对现场进行拍照,然后撤离现场,将车移至应急车道上报警等候,当然,高速公路上的车辆车速都非常快,一般发生事故的后果要比城市道路严重,此时要开启危险报警闪光灯,并在车后至少150米处摆放三角警示牌,车上所有人员都要迅速转移到右侧路肩上或者应急车道内,为安全起见,应站在护栏外报警等候。无论车上有什么贵重财产,都不要贪恋,人的生命是无价的。

千万不可站在行车道上打电话、协商,甚至随意走动,你可否知道,二次事故比第一次更加致命?我们无法保证永远不遭遇意外,能做的是在意外来临时,头脑冷静,做最安全的处置,这是保命的底线。

八、应急车道

应急车道主要设置在高速公路或城市快速路两侧,当路面上发生紧急情况时,可供警车、消防车、救护车、工程救险车快速通行,赶赴现场救助伤员、处置险情。它的通畅与否和生命安全密切关联。

绝大部分驾驶人都知道随意占用应急车道是违法的。有的人明知不可为而为之,自认为交警与电子警察不能全覆盖,抱着从众心理;也有人看到别人走,就跟着一起走。

应急车道

实际上,在应急车道行驶或停车的危险,远远大于正常车道行驶,每一次侥幸都在不断地累积成最终的不幸。有的驾驶人遇到高速堵车,马上就钻到应急车道行驶,你可想过,如果后方有刹车制动不灵的车辆,要借应急车道避险,这种后果不堪想象!

那应急车道在任何情况下都不可以使用吗?我国法律规定非紧急情况不得在应急车道行驶或者停车,违反规定除罚款外,驾驶证还要记扣6分,也就是说当你的车辆发生紧急情况需要应急处理时,是可以使用应急车道的。

首先是车辆发生故障或事故，继续行驶会严重危及自身和其他车辆安全，必须停车。如果只是些小毛病还可以继续行驶，比如喇

叭不响，车窗降不下来等情况，就坚持把车开出高速或开到服务区再说。

其次是车上人员突发危及生命的疾病，需要立即停车抢救或立即送医治疗，可以占用应急车道行

驶或停车，注意，必须是危及生命的情况，感冒、咳嗽什么的都不算。

发生紧急情况，需要占用应急车道，也不是想占就占。当需要在应急车道行驶停车时，需停在指定停车区，并且，你需要做的是持续开启危险报警闪光灯，取出三角警告标志，摆放在车后，晚上要放到更远的位置，车上所有人员

都转移到应急车道内或护栏外，然后报警。不按规定使用灯光和设置警告标志，同样要被罚款，驾驶证记扣3分。

应急车道是生命通道，而不是心急通道，它在路上，更应该画在每个驾驶人的心里，此谓诚于中，形于外，故君子必慎其独也。

九、开慢车

"开车慢点"这句话，几乎每个驾驶人出门前都会被叮嘱，但真的是越慢就越安全吗？刚刚上路的新手，由于技术不熟练，喜欢以很低的车速在路上行驶，法律上对于高速公路之外道路行驶，是没有最低车速要求的，但是也不要明显低于其他车辆的行驶速度，这样做不但会浪费道路资源，造成通行缓慢，也容易被后车追尾。安全的车速是与总体车流速度相近，如果你确实没有把握，请在最右侧车道行驶，把其他车道让出来。

如果在高速公路上开慢车，就属于交通违法行为了。高速公路

▶高速公路

的行驶速度不得低于每小时60公里，靠慢来获得安全是不现实的。

　　高速公路安全行驶最应关注的是"相对速度"，比如其他车辆的速度是每小时90公里，你也开这个速度，这时你的车与其他车辆的"相对速度"就是0，既撞不到别人，别人也撞不到你，而别人的车速是每小时90公里，你开每小时50公里，"相对速度"就是40公里每小时，显然一旦有意外情况发生，相对速度越高，危险系数越大。这也是为什么全世界高速公路有不限最高速度的，但无一例外都会限制最低速度。

高速公路行车，车速过慢

　　我国法规规定：在高速公路上行驶，同方向有2条车道的，左侧车道的最低车速为每小时100公里；同方向有3条以上车道的，最左侧车道的最低车速为每小时110公里，中间车道的最低车速为每小时90公里。根据你的行车速度，选择相应的车道行驶，低于规定车速，既不安全又违法。

　　超速行驶隐患无穷，开慢车也要在合理速度范围内，任何事都是物极必反，如果你是新手，就尽快让自己对道路熟悉起来，保证道路通行效率也是每个驾驶人的责任和义务。

十、超速行驶

　　说到超速的问题，总有人拿德国高速公路不限速来举例，事实上在德国，只有部分高速公路路段是不限速的，根据车流量、地形起伏、气候、光照条件等，也会设置不同的限速标准。而且部分路

聊聊 自驾游 安全行车这些事儿

段不限速也是基于很多因素，例如德国高速公路建设标准很高，路面平均厚度70厘米，坡度控制在4%左右，能够承受大型飞机的起降，种种设计和规定都减少了高速行车的事故率。

在路上能跑多快，并不只是由汽车自身决定的，限速与公路的设计要求有很大的关系。我国高速公路都是以每小时120公里的速度值作为标准来设计建造，包括路面摩擦系数、防护栏的强度、车道宽度、坡度等标准，超过这个速度行驶，危险会急剧上升。所以无论你的车有多好，道路设计的要求已经决定了你的安全车速。

"超车"问题

用每小时160公里的车速跑完100公里的高速公路，大概需要38分钟，用每小时120公里的车速跑同样距离，大概需要50分钟。超速状态下，你只比别人少用了12分钟而已，节约出来的12分钟，和面临的巨大危险相比，性价比极低，这笔账无论怎么算都不划算。在超速行驶时发生事故，无论多贵的车，也会被毁成一堆废铁。超速是交通安全的第一杀手，超越的是生命，危害的是公众安全，人生没有彩排，每时每刻都在直播，不要让生命毁于超速。

❋ 高速驾驶黄金提示 ❋

1.高速公路违章行车是交通违法的"放大器"，小违法引发大事故，请慎之又慎。

2.高速公路上的跟车距离，决定生死。

3.掌握三秒法则，随时随地评估自己的跟车距离是否适合。

62 | 不同路况的安全驾驶要领

▶高速公路

4.高速公路的车道分界线，实线6米，空挡9米，利用标线能准确推断出摆放三角警告标志的距离。

5.高速公路变更车道，记住一长一短，长是需要的距离长，短是打方向盘转动距离短。

6.高速路的出入口和服务区出入口都是事故频发区域，只是路过，走最左侧车道，打算驶出的，及早变到最右侧车道。

7.刹车时要想着后面，被追尾的后果有时比追尾更严重，早点把危险信号传递出去，让后车有准备。

8.应急车道不是心急车道，常在河边站哪有不湿鞋。

 小知识

一、关于高速公路通行的法律规定

《道路交通安全法》第五节 高速公路的特别规定：

第六十七条：行人、非机动车、拖拉机、轮式专用机械车、铰接式客车、全挂拖斗车以及其他设计最高时速低于每小时70公里的机动车，不得进入高速公路。高速公路限速标志标明的最高时速不得超过一百二十公里。

第六十八条：机动车在高速公路上发生故障时，应当依照本法第五十二条的有关规定办理；（第五十二条：机动车在道路上发生故障，需要停车排除故障时，驾驶人应当立即开启危险报警闪光灯，将机动车移至不妨碍交通的地方停放；难以移动的，应当持续开启危险报警闪光灯，并在来车方向设置警告标志等措施扩大示警

不同路况的安全驾驶要领

距离，必要时迅速报警。）但是，警告标志应当设置在故障车来车方向150米以外，车上人员应当迅速转移到右侧路肩上或者应急车道内，并且迅速报警。

机动车在高速公路上发生故障或者交通事故，无法正常行驶的，应当由救援车、清障车拖曳、牵引。

《道路交通安全法实施条例》第五节 高速公路的特别规定：

第七十八条：高速公路应当标明车道的行驶速度，最高车速不得超过每小时120公里，最低车速不得低于每小时60公里。

在高速公路上行驶的小型载客汽车最高车速不得超过每小时120公里，其他机动车不得超过每小时100公里，摩托车不得超过每小时80公里。

同方向有2条车道的，左侧车道的最低车速为每小时100公里；同方向有3条以上车道的，最左侧车道的最低车速为每小时110公里，中间车道的最低车速为每小时90公里。道路限速标志标明的车速与上述车道行驶车速的规定不一致的，按照道路限速标志标明的车速行驶。

第七十九条：机动车从匝道驶入高速公路，应当开启左转向灯，在不妨碍已在高速公路内的机动车正常行驶的情况下驶入车道。

机动车驶离高速公路时，应当开启右转向灯，驶入减速车道，降低车速后驶离。

第八十条：机动车在高速公路上行驶，车速超过每小时100公里时，应当与同车道前车保持100米以上的距离，车速低于每小时100公里时，与同车道前车距离可以适当缩短，但最小距离不得少于50米。

第八十一条：机动车在高速公路上行驶，遇有雾、雨、雪、沙尘、冰雹等低能见度气象条件时，应当遵守下列规定：

能见度小于200米时，开启雾灯、近光灯、示廓灯和前后位灯，车速不得超过每小时60公里，与同车道前车保持100米以上的距离；

能见度小于100米时，开启雾灯、近光灯、示廓灯、前后位灯和

▶高速公路

危险报警闪光灯,车速不得超过每小时40公里,与同车道前车保持50米以上的距离;

能见度小于50米时,开启雾灯、近光灯、示廓灯、前后位灯和危险报警闪光灯,车速不得超过每小时20公里,并从最近的出口尽快驶离高速公路。

遇有前款规定情形时,高速公路管理部门应当通过显示屏等方式发布速度限制、保持车距等提示信息。

第八十二条:机动车在高速公路上行驶,不得有下列行为:倒车、逆行、穿越中央分隔带掉头或者在车道内停车;在匝道、加速车道或者减速车道上超车;骑、轧车行道分界线或者在路肩上行驶;非紧急情况时在应急车道行驶或者停车;试车或者学习驾驶机动车。

第八十三条:在高速公路上行驶的载货汽车车厢不得载人。两轮摩托车在高速公路行驶时不得载人。

第八十四条:机动车通过施工作业路段时,应当注意警示标志,减速行驶。

二、什么是区间测速

区间测速是在同一路段上布设两个相邻的监控点,用车辆通过前后两个监控点的时间来计算这辆车在该路段上的平均行驶速度,判断是否超速行驶。举例来说就是60公里的距离,最高限速是每小时120公里,那以限速最高值跑完这段路,时间是半个小时,你从第一个监控点驶过,开始计时,如果只用了20分钟就跑到下一个监控点了,那必然是行驶速度超过每小时120公里。以往采用单点测速仪,有的驾驶人熟知测速点在哪里,会在临近时通过刹车降低车速逃避超速违法的处罚,区间测速采取计算平均车速的方

区间测速提示

不同路况的安全驾驶要领

法来检测车辆是否超速,这样"临门一脚"就没什么用了,还是自觉遵守限速规定吧,这是为了全车人的安全。

三、高速上如何准确给自己定位

记住两个标志牌,就可以准确定位。

高速公路定位牌(一)

这是公里牌,一般设置在高速公路中央隔离带上,每公里有一个,下面是这条高速公路的编号,上面是当前位置公里数,例如这个牌子的读法就是G65高速1678公里。

这是百米牌,一般设置在应急车道旁波形护栏上,每一百米有一个,下面数字是当前公里数,上面是百米数,例如这个牌子的读法就是1592公里800米。

高速公路定位牌(二)

结合两块标志牌,可以完整读出当前位置,搞不清上行下行没关系,报警或求助时说出你从哪里上的高速,去往哪里就可以了。

▶高速公路

四、逢三必进

逢三必进就是驾车在高速行驶，可以连续通过两个服务区，但你到了第三个服务区，就一定要开车进服务区休息，这样从驾驶安排上防止疲劳驾驶。

一般高速公路两个服务区之间的距离是50公里左右，到达第三个服务区，你大概已经连续驾车行驶了150公里，这时你的大脑和身体反应已经有所迟钝，只是你自己还没有感受到。因此建议休息调整，确保后续行车的良好状态。一个成熟的驾驶人要清楚自己的疲劳驾驶时间极限，要有安全驾驶自主管理的底线，别等到累了再休息。

聊聊 自驾游 安全行车这些事儿

国省道

国道是国家干线公路的简称，根据其地理走向分为3类。国道以1、2、3开头，以1开头的是首都放射线（112国道除外），以2开头的是南北走向线，以3开头的是东西走向线。省道是省级干线公路，省道的编号，以省级行政区域为范围编制。省道放射线的编号，以省级行政区域为范围编制。放射线编号是1，北南纵线编号是2，东西横线编号是3。从道路的编号上就能判断出这条路的走向。

国省道可以说是自驾游的必经之路，而且有的国省道本身就是一道风景线，驾车游走其间，一步一景。此时，你要当心，国省道

▶国 省 道

上驾车,景色再美,驾驶人的注意力也要放在路面上,风景只能在安全停车后欣赏。

在国省道上驾车的危险,主要来自国省道上复杂的道路情况和各种交通参与者。相比高速公路全封闭、全立交且只有机动车通行,在国省道上不只是机动车,还有非机动车、农用运输车、行人,偶尔还会出现牲畜,每种类型的交通参与者都有自己的特点,你要全面了解,才能懂得如何避险。

而且国省道上道路两侧村庄较多,所以沿线会出现很多岔路口,再加上各种弯道交织产生的盲区,都需要驾驶人高度集中注意力去观察。

国省道也是公路货运的主要通道,日夜不断的车辆通行及载重汽车的碾压,会导致路面上出现坑洼破损,有的路段软土沉降,高低起伏,车辆行驶时稳定性会变差。

在国省道上驾驶,要严格遵守路段限速规定,一般会限速每小时80公里以下,除了经过村庄或特殊路段,会有更低的限速规定外,其他路段行车,除非是道路笔直且视野开阔,建议你以不超过每小时60公里的车速行驶,随时应对意外情况。

限速80公里/小时

关于车道的选择,如果是两条行车道,建议选左侧,因为大型车辆车速慢,会在右侧行驶,而且右侧行车道与非机动车或行人

不同路况的安全驾驶要领

更接近，选左侧车道，只需要在临近交叉路口或断口时提前减速，注意观察，没有信号灯的路口要停车瞭望后再通过。如果是三条车道，首选当然是最中间车道。

国省道有些交叉路口因为车辆较少，是没有信号灯的，还记得关于无灯控路口通行规则吗？一是有交通标志、标线控制的，让优先通行的一方先行；二是没有交通标志、标线控制的，在进入路口前停车瞭望，让右方道路的来车先行；三是转弯的机动车让直行的车辆先行；四是相对方向行驶的右转弯的机动车让左转弯的车辆先行。简单地说就是让右侧来车先行，转弯让直行，右转让左转，右转让一切。这里最容易被忽视的一个问题是"在进入路口前停车瞭望"，大多数人都能做到减速，很少有人能做到停车瞭望，要知道万一发生事故，没有按法规规定去做，要承担相应的责任，停车瞭望是为了观察清其他交通参与者通行情况，这是有效减少交通事故的手段，一定要遵守。

提防与大型车辆会车

观察路面刹车痕迹是老司机的一个经验，每一次急刹车，轮胎都会在路面上"画"出一条黑色刹车痕迹，如果前方某一处刹车痕迹集中，别犹豫，右脚从加速踏板转移到制动踏板上，先减速，然后做备刹车状态，此处一定是容易发生危险的，也许经常有人横穿，也许是个盲区很大的断口，在险情来临之前做好充分的准备，

国 省 道

可以有效地降低意外情况带来的伤害。

　　在没有中心隔离设施且单向只有一条车道的路上行驶，有一种危险情形是与大型车辆会车，危险的不是大型车辆本身，是每辆大型车后面都有可能藏着一辆想超车的小车，这点很好理解，你开车时也不愿意总跟在大型车后面。

　　超车之前一定要仔细观察路况，比如被超车是大型车辆，要靠左侧错开一点车身来观察，没有把握绝对不要超车。而你与大型车辆会车时，记住一句话：超车看车头、会车看车尾。

　　具体说就是超越其他车辆的时候，不管是静止的还是运动的车辆，因为被超越车辆对我们形成了视线阻挡，而且这个盲区还是移动的，所以超车时，必须要考虑到在被超车遮挡的地方有可能存在其他车辆、行人。会车看车尾与超车看车头的道理是一样的，会车的时候车辆尾部也是一个移动的盲区，一定要注意车后可能会突然出现的车辆或行人，除了多观察外，可以通过按喇叭和切换远近光灯进行提示。

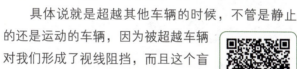

✦ 国省道驾驶黄金提示 ✦

1.两条车道选左侧，三条车道选中间。

2.转弯让直行，右转让左转，右转让一切。

3.通过没有信号灯和交警指挥的路口，进入路口前要停车瞭望。

4.观察地面刹车痕迹，出现多条刹车印，立即减速。

5.每辆大型车后面都有可能隐藏着一辆准备超车的小型车，会车前可用喇叭或灯光进行提示。

聊聊自驾游 安全行车这些事儿

小知识

1. 备刹车

这是一个驾驶人必学必会的技能，可以有效预防事故发生，简单地说就是有准备地刹车，在驾车不需要加速时，右脚提前从加速踏板收回来，放在制动踏板上方做随时踩下去的准备。适用于一切有可能发生危险的地方。

备刹车

练习这个技能，要养成平时驾车时，右脚一直放在制动踏板下方位置，以脚跟为圆心，用前脚掌斜着踩加速油门，备刹车时脚掌回到制动踏板上方。右脚跟是固定在这个位置上的，这样做，也可以有效预防错把加速踏板当制动踏板。因为有的新手会来回移动右脚踩加速油门和制动刹车，事到临头容易手忙脚乱，大力踩下去的也许是加速油门。把正确的操作行为养成应激性反应动作，再加上对容易发生危险情形的准确识别和预判，你就可以化险为夷。

2. 应对鬼探头

"鬼探头"是指你驾车行驶在路上时，因为左右两边的障碍物产生了盲区，而在盲区后有人或者车辆突然横穿马路，由于事发突然，当你毫无防备时，就非常容易发生事故了。

路遇"鬼探头"

▶国 省 道

对于驾驶人来说,遇到这些惊险瞬间,真的束手无策吗?切实有效的办法就是学会"备刹车"技能。

当行经容易出现"鬼探头"地点时,要提前减速,如果此区域不限制鸣笛,就多按几下喇叭进行提示,右脚提前从加速踏板收回来,放在制动踏板上方做准备,脚从加速油门移到刹车制动上方是需要时间的,反应再快也需要0.6秒到0.7秒的时间,如果是备刹车状态,紧急情况真的出现时可立即制动,最大程度避免碰撞。另外通过地面的影子,周边车辆的行驶状态也可以判断出是否有行人及其他车辆突然出现。

减速、鸣笛、备刹车三项技能就是应对鬼探头最好的办法。学不会备刹车的驾驶人是非常危险的,日常驾驶中要养成只要不踩加速油门就保持备刹车的好习惯。

3.让速不让道

老司机常说一句话,叫"让速不让道",新手往往不理解这句话的含义,结果为别人的错误买了单。

我们在驾车过程中会遇到各种各样的情况,比如你正常行驶时,前面有车要变更到你行驶的车道内,出于安全驾驶的考虑,我们要稍微降低速度,让对方顺利变更进来。记住,是保持在你行驶的车道内降速,而不是不减速而打方向切换车道避让,如果对方车辆的变道速度很快,也是尽力降速,不要轻易让出车道,你在车道内拥有的路权要大于对方,避无可避发生事故,没有你的责任,而盲目打方向避让,与其他车辆发生事故,就是你的责任了。

一定要养成遇到情况先减速的习惯,打方向盘之前要扫视周边情况,在车辆可控的前提下,才调整方向。

让速不让道是对自己的一种保护,盲目打方向会将自己置身于危险之中。当然"让速不让道"也要灵活运用,有的情况下,让道可以避免更大的损失甚至可以挽救生命,在对周围路况有观察和预判的前提下,是需要让道的,比如对方是大型车辆,或者是高速

不同路况的安全驾驶要领

向你冲过来的车辆，就不能单纯地原车道减速，等待碰撞了。当生命和财产安全事故在不可避免的情况下，要选择损失最小的方式解决，也就是两害相较取其轻。

让速不让道

"让速不让道"是建立在避免发生事故的基础上，如果面对变更车道的车辆，故意提速去撞击，这可不是维护路权的正义行为，而是违法的。

▶ 沙　地

沙　地

沙地驾驶是比较难掌握的，老司机有句话叫"紧过沙子慢过水"，核心就是要保持动力。在松软的沙地上一旦失去动力，很难再起步。建议你能选择绕路就绕，除非是必经之路，不要轻易尝试。

在驶入沙地之前，可以尝试降低四个轮胎的胎压，这样能增大轮胎接触沙面面积，以提供更好的防陷能力。在沥青路面上停车，轮胎侧面1厘米位置放一块砖，然后给轮胎放气，直到轮胎侧壁刚好碰到砖块，测量现在的胎压，以这个胎压值为标准，将其他几个轮胎都放气。

由于降低了胎压，此时轮胎变得更脆弱，更容易因胎壁摩擦发热或在滚动中脱出辋而损坏，胎压越低，损坏的风险越高。适合沙

不同路况的安全驾驶要领 | 75

地驾驶的胎压是在更大的摩擦力与更高的轮胎损坏风险之间的选择。

沿车辙行驶

在沙地中驾驶,如果能看到前面车辆留下的车辙,最好跟随,因为这些车辙下的沙子已经被压紧,相比没走车的沙地要坚硬得多。

在加速或制动的时候都应该缓慢进行,沙地上刹车会使你的车轮前隆起沙堆,并有可能因此阻碍你前进,快加速只会让你的车轮陷进沙地,反而减慢你的行进速度。

在沙地上停车时,要踩下离合器踏板,让车辆滑行;自动挡车型,可以换空挡,慢慢滑行直到完全停止。这样车轮前堆积的沙子最少。尽可能让车头冲着下坡方向停,以便于再次起步。

在沙地行驶中转向,尽可能要走大弯,以降低陷车危险。

万一车辆陷入沙地,与陷入泥地、雪地一样,不要尝试再加速了,这只会越陷越深。可挂入倒挡,尝试沿着你的车辙后退,当后退到足够的距离时,再尝试前进。重复这个方法就有希望,每次前进一点,并最终缓慢穿越某块特别柔软的沙地。如果倒车不能解决问题,可以试试清除轮胎后面堆积的沙子,进一步降低轮胎胎压,然后倒车,还不行的话,只能等待救援了。

❖ 沙地驾驶黄金提示 ❖

1.降低胎压以获得更好的牵引力。

2.走前车的车辙。

3.平稳驾驶,减少途中换挡和停车,一鼓作气。

▶ 沙　　地

4. 能走直线走直线，少走弯路。
5. 避开沙丘和沟渠底部柔软的沙地。
6. 转弯时弯转得越大越好。
7. 滑行停车，避免踩停。
8. 陷车后不要再踩加速油门。
9. 陷车后，尝试沿着你自己的车辙后退。

小知识

沙漠驾驶

　　沙漠驾驶不属于正常驾驶范畴，除非你刻意要去，这里面的经验技巧有很多，普通人没必要学，也没必要去尝试。

　　在沙漠中驾驶，要面对沙丘，沙丘分为迎风面和背风面。迎风面沙子纹路呈横向，沙质比较硬，坡度相对较缓，而背风面沙质比较松软，坡度相对较陡。迎风面肯定比背风面好走，所以在翻越沙丘时尽量要走迎风坡，可减少陷车概率。

不同路况的安全驾驶要领

聊聊 自驾游 安全行车这些事儿

砂石路在城市并不多见，在个别的支路和乡村道路会出现砂石路的路况，它与柏油路面有很大的区别，在砂石路面行驶容易出现爆胎、侧滑、失控，轮胎卷起的石块也有可能击穿水箱和底盘机械部件。

有人认为有砂石的路面，摩擦力不是应该更大吗？怎么反而车辆容易侧滑、失控呢？

其实道理很简单，大颗粒的沙石不易与硬路面镶嵌，这样在硬路面和砂石之间的摩擦就由滑动摩擦变成了滚动摩擦，摩擦力自然降低了许多，轮胎隔着砂石与地面接触，很容易打滑，同时制动距离也会大大延长。

不同路况的安全驾驶要领

砂 石 路

根据试验，在平整的柏油路面上，测试小客车以每小时60公里的车速行驶，行驶到定点位置急踩制动踏板到车辆完全停止，需要16米左右的距离，而在沙石路面上，同样定点位置急踩制动踏板，则要行进28米左右才能完全停住车，而且车辆还会出现摇摆不定的情况。不同的车型和砂石路路况差异，会导致测试结果不同，但可以肯定的是，砂石路上刹车距离肯定会变长。

有一点需要特别提醒，车上有ABS（制动防抱死系统 anti lock brake system）系统的，在砂石路面上的制动距离要比不带ABS系统的车辆要长，这是因为汽车在制动过程中，车轮转速传感器不断把各个车轮的转速信号传输给ABS电子控制单元ECU，ECU根据设定的控制逻辑对4个转速传感器输入的信号进行处理，计算汽车的参考车速、各车轮速度，确定各车轮的滑移率。如果某个车轮的滑移率超过设定值，ECU就发出指令控制液压控制单元，使该车轮制动压力减小；如果某个车轮的滑移率还没有达到设定值，ECU就控制液压控制单元，使该车轮的制动压力增大；如果某个车轮的滑移率接近于设定值，ABS(ECU)就控制液压控

平稳驶过砂石路

制单元，使该车轮制动压力保持均衡，从而使各个车轮的滑移率保持在10%~20%的理想范围之内，防止4个车轮完全抱死。是不是还不太明白？简单点说，就是在砂石路面上，不稳定的附着系数会导致ABS系统调节过程的时间要比正常的路面长。

平稳通过砂石路的办法很简单，只需驾驶人注意放慢车速就可以了，尽量保持在路中央行驶，加速、制动的动作都要缓。转弯时会产生一定的离心力，车速越快，产生的离心力越大，砂石路上由于轮胎与砂石之间的摩擦力失衡，更容易出现车辆滑向道路外侧的情况，控制车辆转弯速度尤为重要。建议在砂石路转弯时，入弯前

不同路况的安全驾驶要领

先将车速降低到每小时20公里,转弯过程中方向盘转动幅度要小,出弯时缓慢加速。

记好,应对砂石路,只有一个字:慢。

> **砂石路驾驶黄金提示**
>
> 1.砂石路转弯,车速不超过每小时20公里。
> 2.在砂石路上刹车,车上有ABS系统的,所需距离会更长。
> 3.只要车速慢下来,就能平稳驶过。

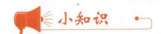

小知识

1. 砾石路

砾石路与砂石路近似,但以石块为主,一般来说会比较颠簸。在这样的路面上行驶时,要保持匀速,否则轮胎容易失控打滑,出现危险。通常在砾石路面,会有突出于路面的较大石块出现,驾驶时集中精神,尽量避开,以免突出部分剐擦车辆底盘,造成损伤。另外在躲避石子的同时,还要注意观察前后车辆的安全距离。

砾石路面

2. 卵石路

废弃的河道、干涸的河床形成的路面,属于卵石路,车型不

▶砂 石 路

同，行驶这样的路面的能力也不同。要注意卵石河滩是否会导致车辆驱动力配合不当，车轮深陷空转。行驶时用低速挡，尽量不要打方向盘，保持直线前进，也尽量不要停车后再起步，避免陷车。

卵石路面

聊聊 自驾游 安全行车这些事儿

泥泞道路

在泥泞路上行驶，车轮阻力会增大，附着力减小，容易发生空转和侧滑现象，泥泞状况严重的，或者是被大型车辆反复碾压的路，不只是泥泞，还有很深的沟槽，小型车行驶容易"托底"，还有可能深陷泥泞中无法继续行驶。如何安全驶过泥泞道路呢？

在泥泞的道路上行驶时，首要的就是控制一个合理的车速，让车速处在一个稳定的范围内，既不能慢，也不能太快。速度太慢会导致车辆输出动力不足，容易被陷住；速度太快，车辆又会发生侧滑、失控的现象。法规规定机动车在泥泞的道路上行驶，最高行驶速度不得超过每小时30公里，这里给出了上限，建议下限不低于每小时10公里。用低挡位行车，保持动力持续输出，尽量走直线，保持前后车轮对齐。

不同路况的安全驾驶要领

泥泞道路

如果你驾驶的是四驱越野车,请锁定低速四驱模式,这样车辆的扭矩大,车轮更有劲,不容易被泥缠住。有中央差速器锁的也请打开,这样做的目的是让车辆前后车轮动力保持一致,能够使轮胎保持最大附着力。

另一个难点就是方向盘的控制,在泥泞道路上行驶,再小心也无法绝对避免车轮打滑的情况,因此当车辆的行进姿态发生变化之后,驾驶人要懂得如何调整以及控制方向。

泥泞道路

技巧就是车尾发生甩动,把稳方向盘,向车头偏离的位置反方向小角度修正,同时深踩一下加速踏板,然后立即松开,反复这样操作几次,车辆就会重新回到正常的路线上行驶了。

如果是在下坡的泥泞路面上行驶,就稍微麻烦一些了,因为在平地上发生甩尾的风险还不算特别大,但如果是下坡路,操作不当有可能冲出路基。为了避免危险,在泥泞道路下坡前,要尽可能降低车速,最好不要超过每小时10公里,行驶到转弯和斜向行驶等容易发生侧滑的地点时,还是采用间断踩油门方式,让车辆维持在正路上行驶,这个操作一定要快,不可长时间踩加速踏板,而应靠快速的动作恢复车辆的前进方向。而且不要踩得太猛,轻点就可以了。

在一些硬地的泥泞路段行驶时,即使是紧紧地把握住了方向盘,也有可能出现S形前进的运动趋势,这时不要慌张,只要车辆的前进方向还是趋于稳定的,就尽管正常驾驶就好了。如果是比较软的泥路,在车辆突然侧倾的时候要及时倒退回来,然后在已经塌陷的地方垫上一些比较硬的东西之后再次通过。而且在比较软的泥地行驶,速度反而不能太慢,而是要让车辆有一个稳定的前冲的趋势,这样才能保证车辆更顺利通过。

另外,在泥泞道路中行驶,忌中途换挡,忌中途停车,一旦在泥泞道路中停下车,再起步就比较困难了。假如车辆陷在很深的泥

不同路况的安全驾驶要领

聊聊 自驾游 安全行车这些事儿

地里，如果立即停车，此时无论你怎么踩油门，也无法脱困，只会越陷越深。可以尝试向后倒车，慢慢退回原路，如果这样不行，可以请求其他车辆拖车援助。

◆ 泥泞道路行车黄金提示 ◆

1.车速要不快不慢，太慢陷车，太快打滑。
2.修正前进方向，反复深踩油门，能控制好前进路线。
3.行车一鼓作气，中途最好不换挡，不停车。

小知识

1. 陷入泥中如何脱困

当车轮陷入泥中时，如果有支撑的空间，用车上的千斤顶把打滑的轮胎顶起来，在轮胎下垫上木板、石块之类的物品，如果不能用千斤顶，可以给打滑的车胎放气，胎压减小后，车胎变得更为扁平，轮胎与地面的摩擦力加大，再慢慢踩油门，这时原本打滑的车轮就可能不会再空转了。车内脚垫、破衣服、路边杂草等都是泥路脱困的好帮手。

友好提示

2. 草原驾驶

之所以把草原驾驶放在小知识里，是因为我们强烈反对你去草原里驾车行驶，草原是受保护的，机动车碾压会破坏植被。

我国《内蒙古自治区基本草原保护条例》中规定：除抢险救灾和牧民搬迁的机动车辆外，禁止机动车辆离开道路在基本草原上行驶，破坏草原植被；因从事地质勘探、科学考察等活动确需离开道

泥泞道路

路在基本草原上行驶的,应当事先向所在地旗县级人民政府草原行政主管部门报告行驶区域和行驶路线,并按照报告的行驶区域和行驶路线在基本草原上行驶。

违反规定,非抢险救灾和牧民搬迁的机动车辆离开道路在基本草原上行驶,或者从事地质勘查、科学考察等活动,未事先向所在地旗县级人民政府草原行政主管部门报告或者未按照报告的行驶区域和行驶路线在基本草原上行驶,破坏草原植被的,由旗县级草原监督管理机构责令停止违法行为,限期恢复植被,可以并处草原被破坏前三年平均产值三倍以上九倍以下的罚款;给草原所有者或者使用者造成损失的,依法承担赔偿责任。

看似平坦的草原,处处藏有险情。在去草原前要了解天气预报,尽量避免在恶劣的天气去草原驾驶。通过草原道路时要走硬路,最好沿着车辙行驶,别冒险走自己的路,以防陷入危险的水洼地或沼泽滩。雨后的草原上,前车留下的车辙会变得很深,这时可以尽量沿着前车留下的车辙跑。如果草原上很久没下雨或下雪,草根就会变得很坚硬,可能会扎坏轮胎,这时最好不要驾车驶过。

通过积水的松软草地时,要快踩油门,突然加速,然后突然松油门,所有这些动作要在尽可能短的时间内完成。当然,这样的动作可能要重复多次,才能避免陷车。

以上我们只是简单了解一下草地行驶的常识,草原自驾,责任自负,要懂得人与自然和谐相处,爱护草原的一草一木。

聊聊 自驾游 安全行车这些事儿

有的山区道路盘山而建，这样相对于直线行驶，不仅路程会数倍增加，而且如果海拔过高，还有多变的天气影响，更增大了行车难度。修建隧道可以直接缩短两地的距离，和水上修建桥梁的作用相仿，不仅节约了时间，还更加安全。

当然，驾驶人享受隧道带来的便捷的同时，也要面对隧道安全行车的问题，近几年就在隧道内发生过多起群死群伤的交通事故。由于特殊的通行环境，隧道是交通事故多发路段。与开放路段相比，隧道具有封闭、视线差、空间小、救援困难等特性，一旦发生交通事故，整条公路隧道的通行能力和安全性都将受到影响，对生命和财产安全的威胁更大。有关研究表明，由于受"白洞效应"和"黑洞

▶ 隧　　道

效应"影响,公路隧道洞口(包括入口照明段和出口照明段)附近发生交通事故的概率最高,追尾是发生最多的交通事故类型,单车撞壁次之。在发生公路隧道交通事故的车辆类型中,小型客车和大型货车所占比例较大。其中,小型客车中以底盘较轻的轿车和面包车为主;大型货车中以重型货车为主,且这些车多存在超载超限的问题;另外超速和冰冻、雨雪天气也是引发公路隧道交通事故的主要因素。

隧道不是虎口,我们也不是羊,如何平安地在隧道内通行,是有技巧的。

隧道口驶入

首先,是提前打开近光灯。如果是白天驾车,进入隧道的同时光线会瞬间变暗,往往此时人眼会短时间内难以适应,因此在进入隧道前应当按照隧道限速提示,降低车速,降速可以用点制动方式,频繁亮起刹车灯提示后车注意,同时开启近光灯。有的人觉得,隧道里有灯光照明,我视力好,开不开车灯无所谓,这个想法大错特错。开车灯不仅是为了自己照明,还有一个非常重要的作用,就是提示其他交通参与者注意你的存在。不相信的话,可以在隧道内通过后视镜观察一下,开车灯的车

开车灯行驶

辆,辨识度比不开车灯的高很多,特别是深色系的车辆,在隧道内不开车灯行驶,有时都会有"隐形"的效果,不想被别人撞,就让

不同路况的安全驾驶要领

其他驾驶人注意到自己吧。

其次，是全程都保持好车距。由于进出隧道时光线差别很大，视线会出现短暂的致盲，因此很多驾驶人会下意识地带一脚刹车，此时后车驾驶人也可能处在明暗变化适应状态中，车距太近会导致追尾事故。建议隧道内至少与前车保持50米以上距离，如果隧道比较长，则需要根据提示保持更长的安全车距。

第三，是保持好车速。每个隧道都有严格的限速规定，遵守就是了。有些长隧道，前半部分路段为上坡，后半部分为下坡，由于在隧道内没什么参照物，视觉就有很大误差，感觉不到坡度的存在，而且隧道内行驶，驾驶人对于车速的感觉会"失灵"，车速在不知不觉间就提上去了，不要凭直觉判断车速，一定要通过车速表确认行车速度。还有一种情况容易被忽视，就是遇到恶劣天气时，在道路上行驶都知道要减速，进了隧道就以为路面干燥了，车速不知不觉就提升了，其实隧道内的路面见不到阳光，通风条件又不佳，过往汽车排放的尾气更易沉到路面上形成油垢，路面摩擦系数降低。赶上雨雪天气，过往车辆的轮胎会把隧道外的水带进隧道内，水与油的混合物使得路面更加湿滑，行驶速度过快，则极易发生侧滑。

第四，是隧道内禁止停车、超车、倒车、逆行，也不要在隧道中变更车道，保持在自己的车道行驶，直至驶出隧道。

隧道出口也是个易发生事故的区域，和进入隧道一样，出隧道时也有明暗变化，眼睛需要一个适应的过程，有的隧道出口会有弯道，不了解前方路况，出隧道的时候盲目提高车速，一旦碰到突发情况，没等到眼睛适应，就已经发生事故了。故等眼睛适应了外界光线后，再提速离开隧道，以免给后车造成危险。

有一种隧道是无管制的单行隧道，在接近隧道口时，要停车观察隧道内情况，如隧道内已有车辆驶入，就要主动停车避让，让对方先行；如另一端

▶ 隧　　道

入口也有车辆即将驶入，可以通过灯光进行交流，切换远近光灯来提示对方，如对向车辆主动让行，就抓紧时间率先通过。通过有管制的单行隧道，如有指挥人员时，请严格听从指挥，如果是信号灯控制的隧道，必须等待绿灯亮时才可通过。

隧道行车的黄金提示

1.就算有日行灯，进隧道之前也要开示廓灯和近光灯，最大限度被别人注意到。

2.控制跟车距离，也要用点制动方式提示后车别跟得太近。

3.进隧道之前减速，明暗变化瞬间，眼睛必定需要适应，不要下意识地深踩制动踏板，要匀速行驶。

4.选了哪条车道进入，就一条道走到底。

 小知识

1. 关于隧道的法律规定

《道路交通安全法》第四十三条：同车道行驶的机动车，后车应当与前车保持足以采取紧急制动措施的安全距离。有下列情形之一的，不得超车：行经铁路道口、交叉路口、窄桥、弯道、陡坡、隧道、人行横道、市区交通流量大的路段等没有超车条件的。

不同路况的安全驾驶要领

《道路交通安全法实施条例》第四十九条：机动车在有禁止掉头或者禁止左转弯标志、标线的地点以及在铁路道口、人行横道、桥梁、急弯、陡坡、隧道或者容易发生危险的路段，不得掉头。

《道路交通安全法实施条例》第五十条：机动车倒车时，应当察明车后情况，确认安全后倒车。不得在铁路道口、交叉路口、单行路、桥梁、急弯、陡坡或者隧道中倒车。

《道路交通安全法实施条例》第六十三条：机动车在道路上临时停车，应当遵守下列规定：交叉路口、铁路道口、急弯路、宽度不足4米的窄路、桥梁、陡坡、隧道以及距离上述地点50米以内的路段，不得停车。

2.隧道内发生交通事故怎么办

发生小事故后，下车拍照，然后尽快把车辆驶出隧道，多停留一会儿，就多一分危险。如果是较大事故，开启危险报警闪光灯，车后至少150米处摆放三角警告标志，车上所有人员迅速离开车辆，如果离隧道出入口比较近，就走出隧道，如果离出入口比较远，可以选择隧道里面的逃生通道报警后等待救援。

隧道行驶，发生事故

3.手机报警没信号怎么办

一般隧道内会有电话报警系统，在隧道侧壁上去寻找，有明确的标志指示。紧急手动报警按钮(红色)，在隧道内纵向间距每隔50米就有一个，只需按下按钮，即可向隧道管理部门呼救，同时，在每

▶ 隧　道

个手动报警按钮附近，还配置有消防箱。

4. 弃车时留下钥匙

遇到隧道内有起火、爆炸等事故，车辆难以移动时，人的生命安全是第一位的，要果断弃车逃生，走时别忘了把车钥匙留在车上，为的是方便后续赶到现场的救援人员快速清理消防通道。

手机报警无信号

留下钥匙

5. 逃生线路的选择

遇到起火事故，需要步行逃生，尽量用自带矿泉水或隧道消防箱内消防水浸湿毛巾衣物，然后捂住口鼻借以滤烟防毒。尽量低下头躬着腰走，因为火灾扩散在隧道的烟雾毒气是不平均分布的，顶部较浓下部较稀，而且温度分布也是上高下低。疏散逃生时也不要高声喊叫，否则会吸入较多的烟雾和毒气。此外，在超长隧道疏散时要根据现场实际状况，朝着火势和烟雾流相反的方向"逆向逃离"。

选择逃生线路

聊聊 自驾游 安全行车这些事儿

涉水路段

涉水也是自驾路上有可能遇到的情况，特别是在雨季出行，有一些道路会因持续降雨，变成漫水路，还有一些干枯的河床会变成小河，即便不是自驾出游，在城市遭遇大暴雨，路面也会积水，懂得如何安全涉水，是很有必要的。

在普通道路上行驶遇到涉水路段，掌握"一看，二探，慢通过"的原则，也可以轻松应对，如履平地。

一看，是涉水前，仔细查看水面的情况。对于水深没有把握的，不要贸然驶入，把车停放在安全的地点，然后观察水情，是属于流动的还是静止的水洼。如果水面开阔并且有比较均匀的碎水

92　不同路况的安全驾驶要领

▶ 涉水路段

花,一般水很浅,是驾车通过比较理想之处。如果水面产生波浪,那初步判断水深不低于20厘米,涉水通过就有些危险了。水面上能看到有漩涡,这个地方很可能有比较大的石块或其他障碍物,通过时要绕开走。

二探,是通过目视观察水面还没有把握时,可以去实际探一下水深。我们可以找个树枝,或车上的雨伞,慢慢来试探水深,然后结合探明的水深对比自己车辆车轴,普通轿车和SUV及越野车的底盘高度有非常大的差别,你开的是轿车,水深如果超过轮胎二分之一的高度,就不建议驾车涉水了,越野车也许整个轮胎被水淹没,都完全没问题。

你听过这个说法吗,涉水高度取决于汽车的排气管,水深高于排气管,排气管就会进水,导致车辆熄火,损伤车辆。其实这是一个很大的误区,只要发动机工作,排气管是不断有废气排出的,而排气时候,气压会很大,水压远小于排气压力,即便你在水中关闭发动机,积水也不会倒灌进排气管。

汽车的涉水高度,是取决于车辆发动机进气口的高度,发动机运转是靠油气混合后进入汽缸燃烧来驱动车辆的,只有油气混合中混入水,才会导致发动机"呛水"而熄火,所以说轿车涉水深度尽量不超过轮胎高度二分之一,这只是比照发动机进气口高度当作一个参考。

涉水高度

看过有的越野车在A柱(挡风玻璃和左、右前车门之间的柱)位置多了一根像烟囱一样的东西吗,这是"高位进气管道",俗称"涉水喉",就是把发动机进气口的高度提升,大大增加了车辆涉水的深度,当然这也只是一方面,可以深度涉水的车上,所有电子设备

不同路况的安全驾驶要领

聊聊 自驾游 安全行车这些事儿

也都加强了防水措施,想把车当船开,可不是这么简单的。

举个通俗点的例子,人溺水被呛死,都是呼吸道呛水,谁听说过只有腰部以下在水里而被溺死的?汽车涉水,发动机被憋灭也是这个道理。

慢通过,指的是涉水时,入水要慢,行车要慢。要用最低挡位匀速通过,因为水在汽车的推动下,是会产生波浪的,车速快,就有可能自己制造出"浪打浪"的效果,本来水深达不到发动机进气口高度,水浪大了就会倒灌进进气口。

多慢才安全呢?建议你涉水全程的车速都不要超过每小时5公里,这样既保证涉水过程中不会产生水浪,又能获得最大动力,推动车辆克服水的阻力前进。

涉水过程中如果发现水越来越深,超过事先估计,我们可以采取倒车的方式,沿原路直接返回,不建议你在水中掉头行驶。

水中倒车

在车辆出水后,别忘了轻踩几下刹车,靠摩擦把刹车盘上的水分蒸发掉,也顺便试试刹车性能,因为涉水后,刹车片和刹车盘之间可能有水残留,不注意检查刹车,有可能会发生刹车失灵。特别是鼓式制动器,涉水后更容易出现暂时失灵的情况,连续踩几次制

不同路况的安全驾驶要领

▶涉水路段

动踏板，制动片与制动鼓之间的水滴就会被摩擦掉，同时，摩擦产生的热量也能将制动鼓烘干，使制动器恢复原来的性能。方便的话，找个地方停车，检查一下轮胎上有没有被水草缠绕，水箱散热器中间有没有被树叶杂物堵塞等，要及时把车辆清理干净。

下面要说的就属于意外情况了。涉水时，如果感觉到发动机出现异常抖动，有噪声，或者踩油门后车辆没有反应，这是发动机进水的先兆，出现这种情况，汽车熄火了，不可以再起动，也不要考虑自己能把车救出来，这时你唯一要做的就是尽快离开车辆，到安全的地点打电话求助。

比如熄火的地方是涵洞，这时候如果在下雨，涵洞内水上涨的速度是很快的，留给你逃生的时间并不多，一定要果断弃车，无论从车门还是天窗逃生，能离开车的办法，都是救命的好办法。

以下四条经验送给大家：一是自驾路上遇到下雨天气，不能涉水渡河，因为此时河流有突然涨水的可能，涨水速度超乎你的想象，没有理由去冒险。二是不了解河床下面的情况，不能轻易涉水渡河，有的小河虽然水浅，但河床底可能布满了尖锐大石块、流沙、淤泥，水虽然不深，但涉水通过会陷车。三是涉水时，避免与大型车辆同时涉水，对方激起的水浪，会给你的行车带来隐患，同向行驶的车也要逐一陆续通过，等待前车通过积水区域后，你再开进去。四是车辆配有自动起停功能的，当你涉水行驶时，提前关闭自动起停功能，防止车辆在水中行驶时发生熄火后自动起动的现象。

自驾路上，如果能避免涉水，哪怕多绕点路，也尽量不冒险，避无可避，别忘了教给你的"一看，二探，慢通过"原则。

❋ 涉水的黄金提示 ❋

1. 涉水深度取决于发动机进气口，与排气管无关。
2. 入水之前要明辨水情，不是边走边看。

3.涉水过程用最低挡位,保持持续动力输出,慢而不断。
4.因水逐渐变深,打算放弃,要沿原路倒车回来。
5.下大雨时被困在隧道、涵洞中,要立即弃车逃生。
6.涉水,每次只通过一辆车。

一、关于涉水的法律规定

《道路交通安全法实施条例》第六十四条　机动车行经漫水路或者漫水桥时,应当停车察明水情,确认安全后,低速通过。

二、涉水会引发电气设备短路吗

一般通过涉水路的时间不会很久,在这种情况下,车内电气以及电控系统短时间与水接触并无大碍,因为车载电控部件都要求有防水保护措施。除非是车辆长时间泡在水里,或者是本身就存在线路老化问题。

保护电气设备

三、涉水险

涉水险是汽车保险附加险,在遭受暴雨、洪水的时候,上了涉水险的机动车被水淹及进气管,驾驶人继续起动机动车或利用惯性起动机动车;遭受暴雨、洪水后,未经必要处理而起动机动车,在这两种情况下,要获得相应的赔偿就必须购买涉水险。

购买涉水险

如车辆在涉水过程中熄火,车主重新起动发动机导致损坏,这种情况有可能得不到保险公司任何赔偿,哪怕已经购买了涉水险,也只能自费维修。保险公司不一样,条款规定也不太一样,投保时可以查阅下具体保险公司的条款内容。

聊聊 自驾游 安全行车这些事儿

山区道路

　　无限风光在险峰，在自驾出游经历的道路中，山路绝对是重中之重，山区自然环境复杂，地形地貌多样，基本上可分为极高山、高山、中山、低山、丘陵五种类型。在一些地方自驾，还有可能翻越海拔4000米以上的山口，甚至有超过5000米的山口，从山脚蜿蜒曲折地爬升到山顶，再从山顶盘旋而下，不仅是对你驾驶技术的一个很大考验，也是在考量你驾车的安全意识，二者缺一都是危险的。别急！我们一起来复习山路驾驶知识，从容面对山路。

一、读懂标志牌

　　经常在城市道路上开车，对于山路上的很多交通标志牌会觉得陌生，甚至想不起来是什么意思。别以为有了导航就可以不看标志

▶山区道路

了，导航的信息未必完全准确，GPS信号较弱时，提示信息也会有延迟，完全依赖导航仪的提示，有可能已经进了急弯路，你还在加速中，要相信自己的眼睛，眼见为实！

坡陡弯急是山路的特点，如果能提前预知下一段路情，就可以在心里做一个"预操作"，从容应对。如何做到路况的先知呢？靠的就是路边的各种交通标志牌指示。请记好下面这些交通标志牌，这些在城市道路上可不多见，熟悉每一个标志牌的含义十分有必要。

读标志

1.向左（右）急转弯

用以警告车辆驾驶人减速慢行，设置在弯道起点的外面，箭头所指方向就是即将出现的急弯路走向，有时会与限速标志配合使用，有时和建议速度标志配合使用。法规规定机动车在行驶中，遇有急弯路情形的，最高行驶速度不得超过每小时30公里，所以看到此标志，请提前减速，要在进入弯道前将车速降到每小时30公里以下。

左（右）急转弯标志

2.反向弯路标志

用以警告车辆驾驶人减速慢行，设在两个相邻的方向相反的弯路前适当位置，"Z"字母的走向就是前方的弯路情况，提示你先左

不同路况的安全驾驶要领

反向弯路标志

后右还是先右后左,有时会与限速标志配合使用,有时和建议速度标志配合使用。看到此标志,心里预判出前方连续两个弯路走向,降速后平稳入弯,在驶过弯过程中维持速度,稳打转向盘即可。

3. 连续弯路标志

用以警告车辆驾驶人减速慢行,设在连续有三个或三个以上反向弯路前适当位置,如果连续弯路总长度超过500米时,会再设置一个标志,这个标志下面有时会附加一个关于长度说明的辅助标志。看到这个标志要减速,至于前面几个弯路的走向,标志牌已经标示不出来了,需要靠你的目视来判断。

连续弯路标志

4. 陡坡标志

用以提醒车辆驾驶人小心驾驶,上陡坡标志的设定会根据海拔高度和坡度值综合考虑,例如海拔高度在4000米至5000米之间,上坡的坡度超过6°就要设定此标志,而且限速每小时30公里,海拔高度超过5000米的,坡度超过5°就要设置了,一些经常发生制动失效事故的下坡路段也会根据现场条件设置下陡坡标志,见到此标志,要提前做好减挡操作,上坡减挡是为了让发动机输出更大动力,下坡减挡是靠发动机牵引力控制车速,避免长时间踩制动导致刹车失灵。

上、下陡坡标志

▶ 山区道路

5. 连续下坡标志

用以提醒车辆驾驶人小心驾驶,设置在连续两个及以上坡度较大并且连续下坡长度超过3公里的路段,一些坡度不是很大,但经常发生制动失效事故的连续下坡路段也会根据现场条件设置这个标志,连续下坡总长度超过3公里的,会继续设置此标志。面对这样的长距离下坡,持续踩制动控制车速是危险的,应该靠低挡位控制,辅助踩制动。

连续下坡标志

注意牲畜标志

6. 注意牲畜标志

用以提醒车辆驾驶人注意慢行,设置在经过放牧区、畜牧场等区域的公路上,这里会经常有牲畜横穿、出入,要控制好车速,关注路两侧牲畜的动向,懂得让行。

7. 注意野生动物标志

用以提醒车辆驾驶人注意慢行,设置在经过野生动物保护区的公路上,这里会经常有野生动物横穿、出入,有的标志上的动物图形会用这个区域最常出现的野生动物图案,行车时要控制好车速,关注路两侧是否有突然出现的野生动物,撞了野生动物,会很麻烦。

注意野生动物标志

8. 注意落石标志

用以提醒车辆驾驶人注意山上滚落的石块,设置在有落石危险的傍山路段前位置,根据容易出现落石的不同方向,左右图案有区别。驶入这样的路段,要尽快通过,避免中途停留,而且不只是注意落石,雨季的时候更要提防泥石流发生。

不同路况的安全驾驶要领 | 101

注意落石标志

9. 傍山险路标志

用以提醒车辆驾驶人小心驾驶,设置在山路地势险要路段之前,一般道路一侧是陡壁、悬崖,另一侧依山,这样的路段一般道路狭窄,特别当心会车的情形,靠山体一侧车辆要让对向车辆先行。

傍山险路标志

10. 隧道标志

用以提醒车辆驾驶人注意慢行,设置在双向通行并且照明条件不好的隧道入口前位置,看到这个标志后,第一反应是降低车速,第二个反应就是开启近光灯,关于隧道安全通行的内容前面我们单独讲过。

隧道标志

11. 过水路面标志

用以提醒车辆驾驶人谨慎慢行,设置在过水路面前位置,有些路段在雨季时会有水流漫过路面,形成涉水路,涉水行驶安全也已在前面单独讲过。

过水路面标志

▶ 山区道路

12. 施工标志

用以告示前方道路施工，车辆应减速慢行或绕道行驶，这个属于临时标志，设在施工路段之前位置，每年春季至秋季之间，是道路养护施工集中的时间，这时候自驾，要注意此标志，经过施工区域时交替通行，前方有障碍的一方让对方先行。

施工标志

这些就是山路常见的标志，而且全部都是警告标志，每一个标志牌的设立都是有用的，晚间行驶山路，没有路灯照明的情况下，这些标志牌就是"黑夜中的明灯"，让你可以预见到前方路况，然后按照提示做准备，大大降低出事故概率。

二、山路过弯道

山体是很不规则的，道路要根据山的走势修建，而且从山脚到山顶落差有时会超过千米，修成直路爬升的坡度，会超出车辆爬坡能力，所以山路最不缺的就是各种弯道，连续几个U形弯道的情况很常见，平时的驾驶中，弯道也是个容易发生事故的地段，再加上爬坡、下坡的因素，危险就更大了，这会令缺少山路驾驶经验的人望而生畏。注意6个问题，可以从容面对山路转弯。

山路行驶

1. 严守"底线"

山路一般单向只有一条车道，在平直的路段道路中心施画黄色虚线，虚线路段在确保安全的前提下，可以临时借用对向车道超车，在易发生危险的

不同路况的安全驾驶要领 | 103

路段，转弯处和不宜超车的路段，都会施画黄色实线，这里是绝对禁止越线的。

严守"底线"

在弯道上发生的很多事故，都是由于驾驶人不能严守"底线"，随意越线超车所致。有很多弯道因为山体遮挡，会形成一个绝对的盲区，转弯过程中你无法预知对向是否有车，弯道超车只在竞技超车时才会出现，山路不是赛道，跑第一拿不到奖杯，但会收到罚单，双方车辆都在自己车道内行驶，对自己和他人才是安全的。

2.多提示

驾车时，不妨把每一辆车都当作"假想敌"，做最坏的打算，提示，就是防患于未然。一些盲区很大的弯道，在转弯顶点处会设置凸面反光镜，方便驾驶人通过反光镜来观察盲区内路况，转弯时关注反光镜内的情况。发现对向有车辆驶来，不要吝惜使用喇叭和灯光进行提示，谁能确保对向的车也会像你一样正在集中精力过弯呢？按喇叭也许对向车驾驶人听不到，切换远近光灯，明暗变化也能起到一定的提示作用。这样能把对向车越线的念头提前打

反复提醒

▶山区道路

消。另外,如果你在过弯前听到对向车辆按喇叭,不要默不作声,你也要按喇叭回应对方,这样双方就都能规矩地行驶在各自的车道上。

3.慢进快出

山路过弯是要减速的,但不是在过弯过程中减速,而是在进入弯道前的直路上,踩刹车让车辆减速。一般山路过弯,车速不要超过每小时30公里,如果弯道比较大,则应该进一步降低车速,同时还需降低挡位。以低速进入弯道之后,用留速完成转弯过程,

"慢进、快出"原则

上坡弯道速度降得太快,稍微点一下加速踏板,修正方向盘角度,当看到弯道的终点时,将方向盘回正,确认前方路况安全后,加踏油门快速出弯就可以了。即:入弯慢,出弯快。

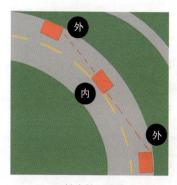

"外内外"路线

4.外内外

在转弯时既要快速通过,又不希望产生太大的离心力,就必须充分利用道路的宽度,尽量以趋于直线的大弧度来转弯。所以,在转弯开始前要贴着弯道的外侧进入弯道,到中间的时候要贴近弯道的内侧行驶,过了弯道弧顶之后,再切回弯道的外侧,靠着弯道的外侧驶出,最大限度地利用道路宽度,让自己转弯的弧度大一些,这就是过弯的"外内外"路线。

5.通过盲区弯道

盲区弯道是视线完全被遮挡,看不到出口的弯道。在盲区弯道

小心通过盲区

上行驶时,由于看不到弯道另一边的交通情况,除了降低车速外,不能按照普通弯道的方式驾车行驶。为了最大程度避免和对向车辆发生事故,必须靠着道路外侧行驶,即通过左弯道时,沿着弯道的外侧行驶,通过右弯道时,沿着弯道的内侧行驶,看到弯道的出口才可修正方向,加速驶离弯道,转弯全程别忘了多用喇叭提示。

6. 通过复合弯道

复合弯道是由两个以上弯道组成的连续弯道。在通过复合弯道时,重点是保证最后一个弯道,以便在最后的弯道出口处快速驶离弯道。首先降低车速,驶入第一个弯道的进口,在每个弯道上,都按着先外侧后内侧再外侧("外内外"路线)的方法行驶,其间可以稍微加点油门,在通过最后一个弯道时,一旦看到弯道的出口就可以修正方向,充分地加速,直线驶离弯道。

过复合弯道

三、山路超车

山路一般单向只有一条车道,很多超车的操作,要借用对向车道来完成,这就比同向车道超车危险得多,所以能不超车的,尽量不超车。决定要超车的,先看地面标线是否允许,要在黄色虚线处,按照稳、准两个字的要求完成超车动作。

山路超车

"稳"就是指在超车这一系列过程中,对是否可以超车的判断要稳一些,不冒险超车。比如你想超越前面行驶的车辆,要立即判断被超越车辆的车速是否低于你的车速、对向车道是否有来车、此路段是否为允许超车路段、完成超车动作所需距离内是否有其他危险因素、是否还有其他不利于超车的因素存在,基于你的判断结果,做出是否要超车的决定。

决定要超车,先看后视镜,观察你后面的车是否有超车的意图,如果有,果断放弃你的超车行为,没有的话,开启左转向灯,把超车的意图传递给前后车辆,这样如果后面的车也打算超车,看到你传递的信号,他就会暂时放弃了。靠近被超车辆,开始借对向车道迅速完成超越,此过程中要按喇叭和切换远近光灯对被超车做出提示,超完车后拉开些距离,开启右转向灯,果断返回到原车道内,整套动作都要快,多在对向车道上停留一秒钟,就多一秒危险。

超车最怕犹豫不决,还有全程不加速,开了转向灯,迟迟不超车，会让其他车辆驾驶人很茫然，不知道你想干什么。超车时你的车速提不起来，与被超车开始长时间并排行驶，而且你还是在对向车道上，这是何等尴尬和危险的局面？如果超车过程中，被超车的速度也提起来了，和你并驾齐驱，那你必须学会放弃，主动减速，看右后视镜，伺机回到原车道内行驶。

　　在高海拔地区驾车，对于没经验的驾驶人来说，容易因为超车发生严重的交通事故，你知道为什么吗？这个细节很多人都不注意，那就是你的车也有"高原反应"。海拔超过4000米后，空气中氧气含量约为低海拔地区的60%左右，此时，发动机同样的吸气动作，实际吸入的可供燃烧的氧气变少了，汽油发动机的动力输出会降低，特别是自然吸气发动机的车感觉更加明显。简单地说，就是在高海拔地区驾车，同样的加速深度，动力感受与之前相差甚远，车辆动力明显感觉不足。平时你觉得一脚油门踩下去，超车没问题，但在高海拔山路上，踩下去之后并没有获得想要的速度，造成和被超车并排行驶的尴尬局面，此时对面如有车驶来，事故无法避免。

　　为了避免这种情况发生，需要你随时去感觉踩加速踏板力度，在超车前降挡，自动挡车型切换手动模式向下降挡，然后深踩加速踏板获得更大动力，动力提不上来，就老老实实地在后面跟车，等海拔高度降低后再考虑超车。

　　"准"既有准备的意思，也有准确的意思。准备就是在超车前，做好遇到突发状况的准备，例如超车时被超车辆突然变道、超车时对向车道突然出现其他车辆等，遇到这些情况都要学会主动放弃，此时你要主动放弃继续超车的想法，并减速并回原车道，而不是强行冒险继续超车。

　　准确是对路况的判断和超车时机判定准确，选择前方开阔的路面，路况信息一览无遗，如果被超车是大型车辆，视线必定会被遮挡，可以稍微向左错开一点车身，观察被超车前面的路况。在准备超车时，你离前车多远开始变道、在超越前车之后，你再开多远返

▶山区道路

回自己的车道,这个时机都是很重要的,变道过早会让自己在对向车道上时间过长,变道过晚离前车太近,会造成变道时打方向的角度过大或者与前车剐蹭,返回原车道太早,有可能会被超车发生剐蹭,返回过晚同样会让自己在对向车道上停留时间过长。如何把控最佳时机呢?可以参考:离前车还有目前车速行驶2秒的距离时,是最佳的变道时机,变道后加速可以在5秒内完成超车动作,在对向无来车的情况下,超越被超车辆之后开始打右转向灯,并维持超车时的速度前进,3秒后开始变回原车道。既有转向灯提示后车,也有足够的安全距离,不会对被超车辆产生任何影响,这就是一次完美的超车操作。

山路超车与普通道路超车相比,危险性肯定是更大一些的,没有绝对的把握,最好不超车。

四、上坡和下坡

驾车翻越山口时,会遇到连续上坡和长时间下坡的情况,听说过"上山容易下山难"这句话吗?对于驾车同样适用。

上坡要注意的问题是动力不足和打滑溜车,汽车上坡时,行驶阻力增大,高挡位会出现越走越"没劲"的情况,甚至把车憋灭,直接熄火溜车。在上坡前就切换较低挡位,保持发动机持续动力输出,行驶中感觉动力不足,例如发动机声音变得很沉闷、速度降得很快,不要勉强,以免造成拖挡熄火,一定要果断降挡,甚至越级降挡来维持住爬坡的动力。

万一上坡途中发动机熄火,一定要冷静处置,第一时间想到别溜车,在踩加速踏板的同时,拉手刹辅助停车,如果仍然阻止不了车辆后溜,要把车尾转向靠山体的一侧,用车尾抵在山体上,将车停住。

上坡时遇到前方车辆通行缓慢,必须临时在坡路停车的状况,要做好再起步时避免溜车的准备。等待前车起步行驶出一段距离后，松制动踏板，加大油门起步。如果坡度太陡，可以在车轮后面放木块，抵住车轮后溜，然后再起步。

上、下坡行驶

下坡的危险高于上坡，这是很多人不理解的。

很多人驾车下坡时，就是不停地踩刹车控制速度，这样操作短距离没问题，但如果你面对的是连续十几公里甚至几十公里持续下坡路呢？你要知道长时间踩刹车，会导致刹车系统温度升高，当热量到了一定程度的时候，就会出现热衰减现象，最终导致刹车失灵。一旦刹车失灵，带来的将是致命的危险！那不踩刹车呢？速度必定是越来越快，再加上下坡路还要转弯，同样很危险，怎么能尽量少踩刹车又能掌控车速？就在于你的操作了。

一定要掌握利用发动机牵引力来控制车速的技能，即手动挡车型挂低速挡，自动挡车型，切换手动模式或陡坡缓降模式，保持低挡位行驶，这样就能将车速控制在较低的范围内。

下坡时先挂低速挡，不踩加速踏板，这样速度的上升过程较为缓慢，当然车速虽然上升得缓慢，最终还是会上升到该挡位的最高速度，如果此时不升挡，发动机便会保持在高转速，对发动机不利。此时可以踩几下刹车，把车速降下来，然后再等着车速慢慢上升。长下坡路，就是低速挡和刹车配合使用，共同保持车速。直路时挂低速挡让车辆溜车可避免长时间踩刹车导致刹车失灵，入弯前踩刹车再降至低速挡完成过弯，过弯后松开刹车再次用低速挡溜车，如此配合使用，能有效防止制动器热衰退。

▶ 山区道路

这里说的溜车可不是空挡滑行，是带档位不踩油门的滑行。法规有明确规定，驾驶机动车不得有下陡坡时熄火或者空挡滑行的行为。无论手动挡车型还是自动挡车型，空挡滑行都是非常危险的！

五、山路会车

山路狭窄，会车时掌握三个原则：

一是在狭窄的坡路，下坡的车辆让上坡的车辆先行；但下坡的车辆已行至中途，而上坡的车辆还没有上坡时，下坡的车辆先行。

山路上会车

二是在狭窄的山路，靠山体的一方要让不靠山体的一方先行。很多山路一侧是山体，另一侧是悬崖，危险性当然是靠悬崖一侧更大，所以在狭窄山路会车，如果你行驶在靠山体一侧，可以多贴近道路右侧行驶，给对面来车留出足够的空间，给他人机会就是给自己安全。

三是载重轻的车辆主动让行载重重的车辆，例如你驾驶的普通小客车与大型货运机动车会车，对方车辆的操控性肯定不如你，要主动让行，避免事故发生。

六、山路停车

除非有意外情况，例如车辆发生故障难以行驶或发生事故，否则山路上不要停车！想停车观景，只有一个地方，就是修建好的观景台。大家都知道单向只有一条车道,你随意停车不但是违法行为,还会阻碍后面车辆的行驶,路上的风景再优美,也没有理由停车拍照,路是用来走的,不是停的。

遇到意外情况必须停车时,要按照以下程序去做。一是持续开启危险报警闪光灯。二是取出三角警告标志,在车后摆放,晚间要摆放到更远的位置,如果车停在弯道处,三角警告牌要摆在后方车辆进入弯道之前。三是车上所有人员离开车辆,站在安全地点求助或报警。

山路上禁止随意停车

山路驾驶虽有一定的危险性,但只要掌握正确的驾驶要领,就能从容面对。最后给大家六点建议:第一,严格控制车速;第二,拉大跟车距离;第三,上坡降挡保持动力;第四,下坡利用发动机的低速挡位制动,减轻刹车的压力;第五,没有把握绝对不超车;第六,驾车不看景,看景不驾车。

❉山路驾驶的黄金提示❉

1.熟悉各种交通标志的含义,做路况的先知。

2.要有"底线"意识,黄色实线就是山路驾驶的底线,绝对不要超越。

3.无论按喇叭还是用灯光,能起到提示作用的办法,都是好办法。

▶ 山区道路

4. 山路危险区域，多按喇叭提示，默不作声，灾祸生。

5. 山路过弯，慢进、快出。

6. 弯路的行驶路线，是外、内、外，最大限度利用道路宽度，平稳驶过。

7. 山路超车，要果断坚决，也要学会放弃，你没有任何理由冒险。

8. 长下坡路段，低挡位配合间断踩刹车是正确的操作。

9. 除非意外情况，不要在山路途中停车看景，你看到的也许不是风景，而是事故。

10. 途中风景是给乘客看的，驾驶人要做的是专注于路况。

 小知识

1. 关于超车的法律规定

《道路交通安全法》第四十三条：同车道行驶的机动车，后车应当与前车保持足以采取紧急制动措施的安全距离。有下列情形之一的，不得超车：前车正在左转弯、掉头、超车的；与对面来车有会车可能的；前车为执行紧急任务的警车、消防车、救护车、工程救险车的；行经铁路道口、交叉路口、窄桥、弯道、陡坡、隧道、人行横道、市区交通流量大的路段等没有超车条件的。

《道路交通安全法》第四十五条：机动车遇有前方车辆停车排队等候或者缓慢行驶时，不得借道超车或者占用对面车道，不得穿插等候的车辆。在车道减少的路段、路口，或者在没有交通信号灯、交通标志、交通标线或者交通警察指挥的交叉路口遇到停车排

队等候或者缓慢行驶时，机动车应当依次交替通行。

《道路交通安全法实施条例》第四十七条：机动车超车时，应当提前开启左转向灯、变换使用远、近光灯或者鸣喇叭。在没有道路中心线或者同方向只有1条机动车道的道路上，前车遇后车发出超车信号时，在条件许可的情况下，应当降低速度、靠右让路。后车应当在确认有充足的安全距离后，从前车的左侧超越，在与被超车辆拉开必要的安全距离后，开启右转向灯，驶回原车道。

《道路交通安全法实施条例》第五十七条：机动车应当按照下列规定使用转向灯：向左转弯、向左变更车道、准备超车、驶离停车地点或者掉头时，应当提前开启左转向灯；向右转弯、向右变更车道、超车完毕驶回原车道、靠路边停车时，应当提前开启右转向灯。

2.关于车速的规定

《道路交通安全法实施条例》第四十六条：机动车行驶中遇有下列情形之一的，最高行驶速度不得超过每小时30公里，其中拖拉机、电瓶车、轮式专用机械车不得超过每小时15公里：进出非机动车道，通过铁路道口、急弯路、窄路、窄桥时；掉头、转弯、下陡坡时；遇雾、雨、雪、沙尘、冰雹，能见度在50米以内时；在冰雪、泥泞的道路上行驶时；牵引发生故障的机动车时。

▶城区道路

说到城区道路，可能是大家最熟悉的，因为很多朋友每天就生活在这个环境中。自驾游来到异地城市，其实与你熟悉的环境也没有太大区别，同样的路口、同样的信号灯、同样的交通标志标线，甚至交通参与者的出行习惯都没有什么区别。那还有必要讲城市道路安全驾驶吗？有，别以为在城市道路上驾驶都一样！当你驾车来到一个陌生的城市，有一种潜在的危险悄悄到来，而你却毫无察觉，那就是分心。你必须承认这点，对每个驾驶人来说，这样的情形下都或多或少地存在分心的情况，因为尽管道路环境大同小异，但毕竟是一个完全陌生的地方，你要找路，要依赖导航，还有内心的新鲜感，这都会分散你驾车的注意力。

不同路况的安全驾驶要领

聊聊自驾游 安全行车这些事儿

城市道路的特点是交通参与者密集多样、交通环境复杂多变、有明显的早晚高峰特征。从统计数据上看，我国城市道路里程仅占全国道路总里程的7.5%，但城市道路交通事故却占全国道路交通事故的45.8%，城市道路百公里交通事故率是高速公路的4倍，普通公路的10倍，统计数据表明，城市道路安全远比你想象的要复杂。

在城市道路上，有30%的交通事故发生在交叉路口，我们就先从这个最危险的区域来分析如何避免事故。

首先静下心来，问自己几个问题。第一个是开车过路口，如果是绿灯，你会全速加油通过吗？第二个是临近路口发现快变黄灯了，或已经变黄灯了，你是冲过去还是减速停车？第三个是在路口左转，对面车辆直行，你会让对方先行吗？第四个是如果你是路口第一辆等候信号灯的车，变绿灯后你会立即起步，一马当先冲过去吗？第五个是路口向右转弯时，你有没有侧头观察盲区的习惯？破解

交叉路口绿灯情况

了这五个问题，你基本可以从容应对最复杂的交叉路口了。

第一个问题，绿灯时全速通过路口。有人会觉得这有什么问题吗？绿灯代表我可以通行，当然要加速通过了。你要意识到，交叉路口是东南西北各个方向的交通参与者都要在此处交汇的地方，虽然前面是绿灯，但是不代表横向道路上绝对不会出现车辆或行人，也许有上一个信号灯走到路口一半的人，也许会有不遵守法规的车辆正在通过路口，驾车最重要的是确保安全而不是纠结路权，尽管你此时拥有通行权，尽管与其他车辆发生事故，可能是对方负事故全部责任，但受伤的毕竟是你自己啊。应该意识到交叉路口是事故多发区域，匀速通过，车速建议不超过每小时40公里。在刚刚进入路口的时候，最好是用留速通过，做备刹车的状态，就是不再加

▶城区道路

速,右脚放在制动踏板上方,如果遇到突发状况,能立即减速或停车避险。进入路口后,如果视野开阔,可以完全掌握周边车辆行人通行状况,再考虑是否提速驶过,如果两侧有其他车辆形成移动盲区,那还是要稳控车速,完全通过交叉路口后,再提速。

还有一种情况,是通过路口时,某一侧有大型车,这时移动盲区会很大,没经验的驾驶人会急于超越大型车,有经验的老司机,会躲在大型车侧面稍靠后位置,等一起通过路口后再加速超越。为什么呢?就是因为移动盲区啊,在超越的同时,你对大型车遮挡的盲区内情况一无所知,万一大型车的车头前突然出现个横向通过的自行车,人家大型车减速让过去了,而你又在加速中,想想会是什么后果?

第二个问题,抢黄灯。这种驾驶行为多发生在准新手身上,就是驾龄在2至3年之间的驾驶人。驾龄不足1年的新手,还是处处谨慎的,宁肯绿灯最后几秒都不通过,也不敢提速闯过去,驾龄3年以上的,经历过的、听说过的事情也多了,懂得抢黄灯有多危险,能自我约束。恰恰是准新手,自信已经掌

抢黄灯,危险!

握了娴熟的驾驶技能,实际上又缺乏驾驶经验,总喜欢抢那最后几秒钟,显示一下自己技术高超。很多事故都是自己抢来的,一边盯着信号灯计算时间,一边加速通过,这时你对周围路况是忽视的,出现任何突发情况,都来不及反应,也许你抢过很多次黄灯都安然无恙,谁又能保证下一次不会出事呢?抢过去了能节约几分钟等候时间,出事故了,保证你会后悔一辈子,自己算算这笔账,值不值?

不同路况的安全驾驶要领

第三个问题，路口的优先通行权。很多人都忘记了这点，以为谁抢先，谁就优先。在通过有信号灯控制的路口，如果相对方向车辆同时放行，转弯的机动车要让直行的车辆、行人优先通行，相对方向行驶的右转弯机动车让对方左转的车辆先行。就是左转让直

行，右转让左转。在一些事故中，负全责的驾驶人总会问一个问题，让行的尺度是什么？我是左转，难道必须对面直行一辆车都没有了我才能通过吗？我看对面直行车还有点距离了，我就左转了，我觉得他应该踩一下刹车会让我过去，谁知道撞上了。这就是新手考虑问题不周，什么是让行？就是你的通过行为，不会让对方车辆因你而采取任何减速或躲避的措施，不妨碍对方行驶，这才是你完成了让行的义务。你以为对方会减速，这只是你以为的，很多事故就发生在"以为"上面。

路口通行要礼让

第四个问题，路口抢"灯头"。你是路口第一辆等候信号灯的车，或者说你是第一排等候信号灯的车时，当信号灯变绿，就像赛车场发出"GO"的指令一样，你会直接就弹射起步窜出去吗？有句话叫"枪打出头鸟"，弹射起步的技术是用在赛场上，日常驾驶中，起步要稳，"抢灯头"和"赶灯尾"遇到一起，非出事不可。抢灯头就是临近路口开始计算红灯结束的时间，留着车速往前走，只等信号灯变绿直接提速通过，赶灯尾是抢最后几秒钟，高速冲过

▶城区道路

路口。试想一下,你是第一辆等信号灯的车,刚变绿灯时,很有可能横向道路上有抢灯尾进入路口的车或人,要是出来一个抢灯尾的车,你窜出去了,正好路口相遇……所以,通过路口一定要谨慎。

路口头车起动

第五个问题,路口右转。从很多行车记录仪视频中能看到此类事故频发。因为除非有右转箭头红灯,路口右转是不受信号灯控制的,你在前方信号灯是红灯时右转,是否想到前面人行横道上通过的行人还有横向道路上行驶的非机动车可是绿灯?你必须让非机动车和行人先通过,此时在你左侧等候信号灯的车辆,就形成了你的视线盲区,一定要慢慢进入路口,观察好后再走,右转要转小弯,尽量避免对横向车辆造成影响。

路口右转情况

前方绿灯时右转,左侧一般不会出现行人或非机动车,这时要仔细观察右后方的非机动车,只看后视镜是不行的,因为后视镜存在盲区,必须加上一个侧头观看的动作,扫视盲区内是否有车,右

不同路况的安全驾驶要领

转的过程要慢,这才是右转通过路口的正确操作。

上面说的通过交叉路口的几点注意事项,在自驾来到陌生城市时,要时刻提醒自己,提前设定好导航,多听语音提示,不要在路口边驾车边找路,分散注意力会影响你的驾驶操作,这是很危险的。

城区道路驾驶,关注的第二个重点就是非机动车和行人。并不是所有道路都有硬隔离设施,非主干道上,中央没有隔离护栏,行人和非机动车有可能要横过道路,这就与机动车形成了交叉,一些事故就因避让不及而发生,非机动车和行人也没有转向灯,如何预判他们的动向呢?这就要靠驾驶人的经验了。

前方非机动车驾驶人有回头看的动作,或路边的行人站住不动,这都是在传递着即将横穿道路的信号,还有一些区域,例如正在靠站的公交车前后位置,左右两侧停满机动车的路上,都属于"鬼探头"的高发区域,预判到有可能发生危险,做最坏的打算,提前做好应对,就能防患于未然。

"慢行"是一个最简单直接的办法,在人车混行的路段,车速一定要放慢,法规规定,在没有道路中心线的城市道路上行驶,最高车速不能超过每小时30公里,同方向只有一条机动车道的,最高车速不能超过每小时50公里,这个规定要严格遵守。

控制好车速后,行驶时遇到右侧有非机动车或行人正在通行,尽量拉开横向距离,预留出处置空间,如果道路特别狭窄,不妨停车让行。

慢速行驶

有人说多按喇叭提示,这个要看具体情况,很多城市道路是禁止机动车鸣笛的,汽车喇叭本身也是噪声污染的一种,而且突然响起的

城区道路

喇叭声,有可能会惊吓到行人,效果适得其反,建议多用灯光进行提示,特别是晚间,频繁切换远近光灯的提示效果远远强于按喇叭。

这些是看得到的危险,还有一些看不到的,就要看你的危险处置意识了。很经典的一个场景就是前车或相邻车道的车突然减速,你会想到什么?与我无关?那你离出事故就不远了。前车刹车灯亮起时,你一定要养成一个好习惯,就是无条件地跟随减速,别去想为什么,有可能前车遇到了正在横穿道路的行人,有可能地面有障碍物,也有可能只是想降低一下车速,无论哪种原因,你都不能盲目自信,等你走到近前确定了是哪种原因,已经来不及采取避让措施了。跟随减速,至少是不再加速,才是最保险的做法。相邻车道的车减速,你要意识到有可能在他的车头位置突然出现非机动车或行人,这时你不减速,那就要直面危险,化解危机靠预判,而不是运气。

经过"鬼探头"高发区域,要用到备刹车的操作,尽量拉开与危险区域的横向间距,在通过时保持低速,右脚放在刹车踏板上方,随时做好踩下去的准备,驶过危险区域后再加速。

最后说一个在城市道路上经常引发事故的小动作,这个小动作甚至能引发死亡交通事故,绝不是危言耸听,这就是开车门。近几年此类案例发生过很多,靠边停车后,乘客开车门,这时旁边恰好有自行车经过,车门推倒了自行车驾驶人,驾驶人倒地时,又恰好有别的车驶过,直接就轧了过去……想象得到这么严重的后果吗?

停车开门

开车门,可不是随随便便一推的事,在开车门前,先要通过后

不同路况的安全驾驶要领 | 121

视镜或回头观察车外情况，然后打开一拳大的缝隙提示其他交通参与者注意，最后完全打开车门。

　　有个比较实用的开车门方法值得学习，那就是下车时用距离车门较远的那只手开车门，也就是左侧车门用右手开，右侧车门用左手开。这样开车门虽然比较别扭，但此动作上半身会自然转动，头部和肩膀自然向外，强迫自己转身向后看，另一只手拉住车把手，防止突然吹来大风刮开车门，这一个完整的动作可以避免很多不必要的事故发生。

　　这个提示不只是对驾驶人，对乘车人也，非常重要。如果你是驾驶人，停车时一定要提示乘车人注意。朋友们关心乘客开车门发生事故，驾驶人是否承担责任，这个问题有必要说一下。法规规定机动车在道路上临时停车，应当紧靠道路右侧。如果你停车的位置不对，虽然是乘客开车门造成事故，你也要与乘客共同承担责任。

紧靠道路右侧停车，就能避免车辆右侧有非机动车或行人通过的可能，担心左侧开车门事故，可以把驾驶位后面车门的童锁开启，两个办法，最大限度避免了开车门事故。

❖ 城区道路黄金提示 ❖

1. 导航是用来听的，不是边开车边看的。
2. 黄灯不是冲锋号，抢出来的也不是时间，而是危险！
3. 通过交叉路口，一定要减速，备刹车状态进入，确认清楚再加速驶离。
4. 驾车最重要的是确保安全，而不是纠结路权。
5. 很多事故都是发生在"我以为"上，看到了危险苗头，应该马上处置，千万不要凭感觉开车。
6. 赶灯头、抢灯尾，两抢相遇，两败俱伤。

▶城区道路

7. 转弯时，要侧头扫视盲区才安全。
8. 面对非机动车和行人，"慢行"是最简单直接的办法。
9. 开车门前要回头看，随意一推，祸无穷。

 小知识

1. 关于城区道路驾车的相关法律规定

《道路交通安全法》第二节　机动车通行规定

第四十二条：机动车上道路行驶，不得超过限速标志标明的最高时速。在没有限速标志的路段，应当保持安全车速。

夜间行驶或者在容易发生危险的路段行驶，以及遇有沙尘、冰雹、雨、雪、雾、结冰等气象条件时，应当降低行驶速度。

第四十三条：同车道行驶的机动车，后车应当与前车保持足以采取紧急制动措施的安全距离。有下列情形之一的，不得超车：前车正在左转弯、掉头、超车的；与对面来车有会车可能的；前车为执行紧急任务的警车、消防车、救护车、工程救险车的；行经铁路道口、交叉路口、窄桥、弯道、陡坡、隧道、人行横道、市区交通流量大的路段等没有超车条件的。

第四十四条：机动车通过交叉路口，应当按照交通信号灯、交通标志、交通标线或者交通警察的指挥通过；通过没有交通信号灯、交通标志、交通标线或者交通警察指挥的交叉路口时，应当减速慢行，并让行人和优先通行的车辆先行。

第四十五条：机动车遇有前方车辆停车排队等候或者缓慢行驶时，不得借道超车或者占用对面车道，不得穿插等候的车辆。在

不同路况的安全驾驶要领

车道减少的路段、路口，或者在没有交通信号灯、交通标志、交通标线或者交通警察指挥的交叉路口遇到停车排队等候或者缓慢行驶时，机动车应当依次交替通行。

第四十七条：机动车行经人行横道时，应当减速行驶；遇行人正在通过人行横道，应当停车让行。机动车行经没有交通信号的道路时，遇行人横过道路，应当避让。

第五十一条：机动车行驶时，驾驶人、乘坐人员应当按规定使用安全带，摩托车驾驶人及乘坐人员应当按规定戴安全头盔。

《道路交通安全法实施条例》第二节　机动车通行规定

第四十四条：在道路同方向划有2条以上机动车道的，左侧为快速车道，右侧为慢速车道。在快速车道行驶的机动车应当按照快速车道规定的速度行驶，未达到快速车道规定的行驶速度的，应当在慢速车道行驶。摩托车应当在最右侧车道行驶。有交通标志标明行驶速度的，按照标明的行驶速度行驶。慢速车道内的机动车超越前车时，可以借用快速车道行驶。

在道路同方向划有2条以上机动车道的，变更车道的机动车不得影响相关车道内行驶的机动车的正常行驶。

第四十五条：机动车在道路上行驶不得超过限速标志、标线标明的速度。在没有限速标志、标线的道路上，机动车不得超过下列最高行驶速度：

没有道路中心线的道路，城市道路为每小时30公里，公路为每小时40公里；

同方向只有1条机动车道的道路，城市道路为每小时50公里，公路为每小时70公里。

第四十六条：机动车行驶中遇有下列情形之一的，最高行驶速度不得超过每小时30公里，其中拖拉机、电瓶车、轮式专用机械车不得超过每小时15公里：进出非机动车道，通过铁路道口、急弯路、窄路、窄桥时；掉头、转弯、下陡坡时；遇雾、雨、雪、沙

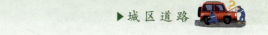

城区道路

尘、冰雹，能见度在50米以内时；在冰雪、泥泞的道路上行驶时；牵引发生故障的机动车时。

第四十七条：机动车超车时，应当提前开启左转向灯、变换使用远、近光灯或者鸣喇叭。在没有道路中心线或者同方向只有1条机动车道的道路上，前车遇后车发出超车信号时，在条件许可的情况下，应当降低速度、靠右让路。后车应当在确认有充足的安全距离后，从前车的左侧超越，在与被超车辆拉开必要的安全距离后，开启右转向灯，驶回原车道。

第四十八条：在没有中心隔离设施或者没有中心线的道路上，机动车遇相对方向来车时应当遵守下列规定：减速靠右行驶，并与其他车辆、行人保持必要的安全距离；在有障碍的路段，无障碍的一方先行；但有障碍的一方已驶入障碍路段而无障碍的一方未驶入时，有障碍的一方先行；在狭窄的坡路，上坡的一方先行；但下坡的一方已行至中途而上坡的一方未上坡时，下坡的一方先行；在狭窄的山路，不靠山体的一方先行；夜间会车应当在距相对方向来车150米以外改用近光灯，在窄路、窄桥与非机动车会车时应当使用近光灯。

第四十九条：机动车在有禁止掉头或者禁止左转弯标志、标线的地点以及在铁路道口、人行横道、桥梁、急弯、陡坡、隧道或者容易发生危险的路段，不得掉头。

机动车在没有禁止掉头或者没有禁止左转弯标志、标线的地点可以掉头，但不得妨碍正常行驶的其他车辆和行人的通行。

第五十条：机动车倒车时，应当察明车后情况，确认安全后倒车。不得在铁路道口、交叉路口、单行路、桥梁、急弯、陡坡或者隧道中倒车。

第五十一条：机动车通过有交通信号灯控制的交叉路口，应当按照下列规定通行：在画有导向车道的路口，按所需行进方向驶入导向车道；准备进入环形路口的让已在路口内的机动车先行；向左

不同路况的安全驾驶要领 | 125

转弯时，靠路口中心点左侧转弯。转弯时开启转向灯，夜间行驶开启近光灯；遇放行信号时，依次通过；遇停止信号时，依次停在停止线以外。没有停止线的，停在路口以外；向右转弯遇有同车道前车正在等候放行信号时，依次停车等候；在没有方向指示信号灯的交叉路口，转弯的机动车让直行的车辆、行人先行。相对方向行驶的右转弯机动车让左转弯车辆先行。

第五十二条：机动车通过没有交通信号灯控制也没有交通警察指挥的交叉路口，除应当遵守第五十一条第（二）项、第（三）项的规定外，还应当遵守下列规定：有交通标志、标线控制的，让优先通行的一方先行；没有交通标志、标线控制的，在进入路口前停车瞭望，让右方道路的来车先行；转弯的机动车让直行的车辆先行；相对方向行驶的右转弯的机动车让左转弯的车辆先行。

第五十三条：机动车遇有前方交叉路口交通阻塞时，应当依次停在路口以外等候，不得进入路口。

机动车在遇有前方机动车停车排队等候或者缓慢行驶时，应当依次排队，不得从前方车辆两侧穿插或者超越行驶，不得在人行横道、网状线区域内停车等候。

机动车在车道减少的路口、路段，遇有前方机动车停车排队等候或者缓慢行驶的，应当每车道一辆依次交替驶入车道减少后的路口、路段。

第五十七条：机动车应当按照下列规定使用转向灯：向左转弯、向左变更车道、准备超车、驶离停车地点或者掉头时，应当提前开启左转向灯；向右转弯、向右变更车道、超车完毕驶回原车道、靠路边停车时，应当提前开启右转向灯。

第五十八条：机动车在夜间没有路灯、照明不良或者遇有雾、雨、雪、沙尘、冰雹等低能见度情况下行驶时，应当开启前照灯、示廓灯和后位灯，但同方向行驶的后车与前车近距离行驶时，不得使用远光灯。机动车雾天行驶应当开启雾灯和危险报警闪光灯。

▶城区道路

第五十九条：机动车在夜间通过急弯、坡路、拱桥、人行横道或者没有交通信号灯控制的路口时，应当交替使用远近光灯示意。

机动车驶近急弯、坡道顶端等影响安全视距的路段以及超车或者遇有紧急情况时，应当减速慢行，并鸣喇叭示意。

第六十二条：驾驶机动车不得有下列行为：在车门、车厢没有关好时行车；在机动车驾驶室的前后窗范围内悬挂、放置妨碍驾驶人视线的物品；拨打接听手持电话、观看电视等妨碍安全驾驶的行为；下陡坡时熄火或者空挡滑行；向道路上抛撒物品；驾驶摩托车手离车把或者在车把上悬挂物品；连续驾驶机动车超过4小时未停车休息或者停车休息时间少于20分钟；在禁止鸣喇叭的区域或者路段鸣喇叭。

第六十三条：机动车在道路上临时停车，应当遵守下列规定：在设有禁停标志、标线的路段，在机动车道与非机动车道、人行道之间设有隔离设施的路段以及人行横道、施工地段，不得停车；交叉路口、铁路道口、急弯路、宽度不足4米的窄路、桥梁、陡坡、隧道以及距离上述地点50米以内的路段，不得停车；公共汽车站、急救站、加油站、消防栓或者消防队（站）门前以及距离上述地点30米以内的路段，除使用上述设施的以外，不得停车；车辆停稳前不得开车门和上下人员，开关车门不得妨碍其他车辆和行人通行；路边停车应当紧靠道路右侧，机动车驾驶人不得离车，上下人员或者装卸物品后，立即驶离；城市公共汽车不得在站点以外的路段停车上下乘客。

2.消除盲区的办法

在我们的驾驶过程中，盲区总是时刻伴随的，虽然现在各种高科技设备在不断辅助我们尽量消除盲区，但它依然或多或少地存在着，稍不注意，就会因为盲区导致事故。

总的来说，盲区一共存在于四个地方。

第一个是车头盲区，如果没有雷达，这里是个绝对的盲区，无论如何调整座位，前保险杠的位置还是看不到的，上车前查看车前是否有遮挡或障碍物，特别注意是否有小朋友或小动物在车前，这个盲区只要稍加注意，不会有太大的危险。

第二个是A、B柱盲区，汽车的A、B柱是车辆的基本骨架，既要有一定的几何尺寸保持高刚度，又要减少驾驶人的视线遮挡影响，是一个矛盾体，汽车设计者始终在两者间平衡以取得最佳效果，A柱盲区，主要在转弯、掉头行驶时影响视线，B柱盲区主要在倒车时影响视线，在转弯或倒车时，放慢车速，缓慢打方向盘，"摇头晃脑"可以消除盲区影响。

盲区的消除

第三个是后视镜盲区，出现在变更车道和转弯时。你一定遇到过这样的情况，明明在后视镜内没有车，但是一转头，突然发现有辆车在距离你差半个车身的位置，这就是后视镜的盲区。在变更车道或转弯时，除了观察后视镜外，还要加一个侧头看的动作，迅速扫视盲区内情况。

第四个是车后盲区，车后盲区的范围比车前的要大，低于后备箱的部分基本都是盲区，倒车雷达、倒车影像能起到辅助观察作用。但没有把握的时候，下车观察清楚才是最稳妥的，倒车时要慢，快则容易生事。小区等情况复杂地点，有条件的话，可以让同伴帮忙在后面指挥。

一定要重视车辆盲区的存在，行车的时候反复提醒自己有盲区，多观察才能确保万无一失。

3.摇头晃脑

轿车车身每侧有三个立柱，其中前挡风玻璃两侧的斜柱就是A柱。虽然并不宽，但当汽车在转弯时，驾驶人的一部分视线会被A柱遮挡，形成视野盲区。

既然这个盲区这么讨厌，去掉A柱可以吗？

没有A柱挡风玻璃装在哪里？那A柱换成透明的塑料呢？安全性又无法保障，要知道A柱对汽车整体的稳定性和刚度，以及碰撞时的安全性有着非常大的影响。现在民用车，要完全去掉A柱，基本上是不太可能的。

轿车盲区分布情况

既然去不掉这个盲区，就想办法应对，其实很简单，在转弯前先观察周围环境，对于有可能进入盲区的人或车有预判，转动方向盘前提醒自己加上一个"摇头晃脑"的动作，稍微左右移动一下，确认盲区内是否安全，然后再通过。提前瞭望，留心观察，加上摇头晃脑，就能避免事故的发生。

4.有效预防油门当刹车

油门和刹车，即加速踏板和制动踏板，一高一低，这怎么会踩错呢？表面看是因为紧张所致，实际上是驾驶人没有养成好的驾驶习惯，出事是迟早的。如果你是左脚踩刹车，右脚踩油门，或者是这样右脚离地来回踩，都要立即改正。记住这四句口诀：脚跟不动脚尖动，脚跟放在刹车下。斜踩油门正踩刹，闲时放在刹车上。

油门与刹车

脚跟不动脚尖动：就是以右脚脚跟为圆心，用脚尖在刹车和油门上面来回切换，脚跟位置是不动的。

脚跟放在刹车下：就是右脚与刹车在一条线上，平时驾驶几乎很少用到全力踩下油门的情况，但是刹车有时需要全脚掌踩到底，所以右脚位置以刹车为主。

斜踩油门正踩刹：当右脚与刹车成直线的时候，踩油门必定是倾斜的，用脚尖轻点油门即可。

闲时放在刹车上：就是只要不需要踩油门，右脚就收回到刹车上方虚放，做备刹车状态，以备在出现任何意外情况时，都可以立即踩刹车，而且保证踩不错。

错把油门当刹车还容易发生在倒车时。倒车会让驾驶人形成左右颠倒的感觉，脚下也容易颠倒；记住，绝大多数情况下，仅靠车辆的怠速即可完成倒车动作；倒车全程，右脚都是放在刹车上的；倒车稳字当先，用不着你踩油门。多加练习，养成良好的驾驶习惯，别再犯低级错误了。

5.凝视两秒危险到

这句话来自防御性驾驶的"三层空间"理论中。简单地说就是，如果你驾车时盯着一个物体看2秒，你的视力过于聚焦，从而丢失了路上的其他信息，然后就很容易发生事故。

人的眼睛有中心视觉和边缘视觉之分，你的眼睛盯着的正前方就是中心视觉，边缘视觉就是眼睛的余光。比如：正常驾驶状态的视野，相当于我们在不断地扫描拍摄一张全景照，视角很宽广，而处于凝视状态的照片相当于我们对准一个局部拍照,除了焦点位置,其他都是虚的。

不要死盯一个物体

凝视的时候,中心视觉要传递图像给大脑,要分析,要计算,那么就会专注于一个地方,这就产生了视盲;这种视盲现象,就使得眼睛识别周边情况的能力丧失。目不转睛地凝视2秒以后,你就无法感知周边的情况。驾车时,你对一个局部凝视时间超过2秒钟,此时车辆已经快速通过原来确认过安全的2秒钟距离,同时又接纳了没扫描过的2秒钟风险距离。如果此时有行人和车辆进入这个距离,就是你无法控制的非安全区,必定会猝不及防,事故无法避免。

那驾驶时,如何正确扫描路况信息呢?以关注前方为主,5到8秒左右时,间断观察左车窗、左后视镜、仪表盘、中央后视镜、右车窗、右后视镜,除了观察前方外,看其他地方都是扫视,用不了1秒钟,这就避免了视线在某一处停留时间过长,也能全面掌握车外情况。

6.眼不到手不动

简单地说就是你的任何驾驶操作,都是先观察,后行动。请培养自己的驾驶习惯,每次动转向盘之前,都要观看行进路线附近的情况,可以看后视镜,也可以稍微侧头观察。确认安全后才转动方向盘。

聊聊 自驾游 安全行车这些事儿

眼到手动

观察也是有顺序的，例如转弯或掉头，遵循的是先内、后外、再侧头。看内后视镜可以看到最远处情况，如果有车过来，心里有个准备，此时也开启转向灯。再看外后视镜，确认附近情况，最后侧头扫视盲区内情况，都安全了再缓慢打方向盘。驾车安全取决于细节，忽视一个小环节，都容易酿成事故。在动方向盘前别忘了问自己，是否做到了"眼不到，手不动"。

7."路怒症"的自我治疗

"路怒症"在医学上被归类为"阵发型暴怒障碍"。在长时间的驾驶后，驾驶人往往处于精神紧张、情绪压抑的状态，一旦遇到红灯或与其他车辆发生争执，被压抑的情绪就容易爆发出来。表现为骂人、动粗，这其实是平时内心积累的很多负面情绪，在一个封闭环境内的爆发，也就是你宣泄感情的一种方式。

想一下，在生活中，你会遇到不同的人吧，有懂礼貌的，也有蛮不讲理的。如果在生活中有人说句话你不爱听了，或者走路时在你前面走得慢了，你会冲过去跟人家打一架吗？其实开车也如此，你会遇到懂得礼让的车，也会遇到不守规矩的车，这是生活的一种映射而已，和你每天遇到的各种人没什么本质的区别。生活中你能接受不同

防止"路怒症"

风格的人，为什么开车时不能接受各种类型和风格的司机呢？开车时的环境是封闭的，给了你一种虚幻的安全感，这就助长了你的胆

不同路况的安全驾驶要领

▶ 城区道路

量,其实这不是好事,这种虚幻的胆量会给你带来很多麻烦。

在每次出行前,提前规划行车路线,将有可能遇到的意外情况如堵车等都充分考虑,把路上的时间预留充足,遇到堵车时就不会太着急了。路途中遇到不开心的事,多做几次深呼吸,打开车窗让新鲜空气进入车厢,播放比较轻松的音乐,都有助于缓解情绪。在车上放一张家人的照片,在不开心的时候看一看,想想有人在等你平安回来,还有什么事情过不去呢。路堵不可怕,可怕的是心堵,它就像无形的毒素,悄悄损害着你的心理健康,把心境放宽了,路自然也就宽了。

8.过减速带的正确姿势

减速带是个常见的安全设施,通常设置在小区出入口,学校门前等地方,就是用来促使驾驶人减速的。

正确通过减速带

从舒适体验来说,垂直通过减速带,车身颠簸、弹跳感最大;之字形通过减速带,车身弹跳感要小一些;单边车轮通过减速带,弹跳感和摇摆幅度都最小,是最舒适的过法。

但从车体和悬架的构造来看,车辆过减速带这个动作,是车轮及悬架在地面和车身之间的受压运动。垂直过减速带,左右车轮同时收缩,来自地面的作用力由两个车轮的弹簧、减振器共同分担,车身受力比较平均。

之字形和单轮过减速带,对于弹簧、减振器以及整个车身都会产生更大的损耗,这可以解释为什么这样的过法人体感觉舒适,因为整个车身系统吸收了更多的能量，舒适是以加速减振器和车身的老化为代价的。

综合考虑，遇到减速带，最好的通过办法就是提前降速，将车速控制在每小时20公里以内，然后松开油门，用留速通过，两侧车轮同时缓慢驶过减速带，这样既不伤车，也不至于太颠簸。

9.怎样找到车轮的位置

笔直的车道，你会驾车笔直地通过吗？对于驾驶经验丰富的司机而言，他们能精准地判断出车轮的位置，而新手上路，往往对车轮位置感觉茫然。在一些剐蹭事故中，有的就是因为驾驶人判断不好左右位置造成的。轧线行驶肯定是不安全的，行车道一般宽度都在3.5米左右，我们日常使用的小客车车身宽度大约1.8米左右，也就是说在车道内行驶，或左或右与分道线保持约60厘米的距离是比较合适的。如何控制好这个距离呢？保持正常坐姿，目视前方，当地面标线与A柱相距约10厘米时，这个距离就是你想要的。也可以看成标线穿透玻璃，延伸至仪表台，此时从左右外后视镜看一下车身位置，是不是左右两侧位置比较均衡呢？

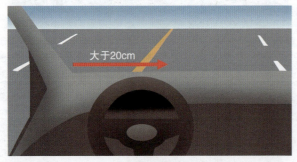

找车轮位置

如果是通过很狭窄的地方，左侧障碍物的延伸线，与风挡玻璃左侧相距约20厘米，此时左侧车轮就贴近障碍物了，这是你车辆的极限位置。

▶城区道路

路边停车时，法律规定应当紧靠道路右侧，那又如何判断右侧车轮位置呢？右侧标线或路缘石与前机盖中央位置重合时，右侧车轮基本就是贴近位置了，这个位置也可以通过右后视镜来观察。

在实际驾驶中，这些方法只能作为参考，因为不同车型和不同的驾驶人对于标志物的判断都会有所差异。最关键的还是大家通过这样的方法，再结合自己的驾驶习惯来摸索适合自己的"标志点"，车感是逐渐培养出来的，相信你也能在日常驾驶中游刃有余。

10.倒车的注意事项

在准备倒车前，要绕到车后查看情况，规划出一个倒车线路，既可防止车后盲区有看不到的物体，还能掌握倒车过程中哪里有可能会出现其他车辆或行人，做到心中有数。

回到车上，关闭音响等干扰注意力的设备，打开车窗，倒车过程中轮流扫视三个后视镜，还要注意听车外的声音，有异常声音也要暂停倒车。

倒车注意事项

在复杂繁华的路段倒车，倒车前可轻按喇叭，引起别人的注意，让人知道你下一步的动向，比没人知道要强得多。

有的人习惯在倒车时把头探出窗外观察后方情况，这是很危险的，如果需要观察，就停稳车再看，切记：勿将头探出车窗。

倒车影像、倒车雷达等电子设备可以辅助我们倒车，但它们只是锦上添花，不能无条件地信任，而且车尾两侧也是倒车影像及雷达的盲区。当倒车雷达报警,但在后视镜中看不出原因时,一定要停车后下车察看,即便是雷达误报警,多看一眼总比少看一眼要稳妥得多。

倒车全过程,除非是上坡,右脚都要放在刹车上做备刹车状态,完全靠车辆怠速即可,倒车以慢为先,错把油门当刹车的情况多发生于倒车时,备刹车可以解决这个问题。

如果是倒车上坡,也不要猛踩油门,应该缓踩油门,逐渐加力,缓慢上坡,驶过坡路后立即收油门,回到备刹车状态。

特殊天气的安全驾驶要领

▶应对恶劣天气的安全"三宝"

　　天有不测风云，我们永远无法改变天气，只能学会减轻恶劣天气给驾驶带来的不利影响。作为一个成熟的驾驶人，要懂得哪种天气状况会带来哪些危险，时刻做好最坏的准备。养成每天查看次日天气预报的习惯，天气很恶劣，可以考虑停行一天，也可以根据天气状况重新规划行程，例如预报明天有雪，就尽量避开山路，有大雨就避开靠近河谷的道路，找几个备选的停车休息地点。

　　应对各种恶劣天气，我们有最基本的安全"三宝"护身，即降速、控距、亮尾。
　　降速，就是在遇到恶劣天气时，严格控制好行车速度，给自己留出处置的时间。很多交通事故都是因为驾驶人不给自己预留出处置紧急情况的时间和空间，完全靠运气。雨、雪、雾是最常见的天气状况,给驾驶带来的不利影响都包括能见度降低。大家都知道随着车速的提高,驾驶人的动视力在下降,视野范围变窄。据相关实验证明,人的视力会随着车速的增加而逐渐减弱,静视力有1.1的人,当车速在每小时为14.4公里时,动视力则下降到0.5,如果车速过快,动视力下降的幅度会越来越大,视物也就越模糊。高速行驶还会造成空间认识能力的下降,驾驶人在驾车过程中,感觉到一个目标平均需0.4秒,但上升为知觉能清楚地知道是什么,则平均需1秒的时间,如果车速为每小时90公里,0.1秒的时间车辆可驶出2.5米,感觉到一个目标时则车辆已行驶出10米,等看清这个目标时,车又驶出了25米,而当驾驶人采取措施时又需一段时间,车辆则又驶出了几十米。可以说,在高速行驶

降速

中,驾驶人难以快速正确地判断出发生的情况,即使能够判断,也没有足够的时间采取应急措施。这些数据还是基于正常天气状况下,同样的车速、同样的驾驶人,车外能见度降低,而其他条件不变,那所有数据都会向不利的方面成倍增长,后果也可想而知了。

请记好: 天气状况随时决定你的车速,当慢则慢,除了严格遵守限速规定外,可掌握一个原则,时刻确保能在可见的距离内安全地将车停下来,这就是你的安全车速。降速是安全的前提。

控距,就是控制好与其他车辆之间的距离,留出足够的处置空间。恶劣天气带来的不利影响除了能见度降低,还有路面湿滑,根据冰雪路面刹车制动距离的实验,将车速设定在每小时30公里时,刹车距离是正常路面的6倍多,将车速提高到每小时40公里,刹车制动距离比正常路面高出了7倍多,就算你天赋异禀,能克服能见度降低带来的影响,发现了前方紧急情况,依然阻止不了事故的发生。

▶应对恶劣天气的安全"三宝"

当然控距不只是与前车保持安全距离,也包括与后车及左右两边的车辆保持安全距离,例如在恶劣天气时超车,要与被超车拉开更大的横向间距。

控距

请记好: 无论什么天气状况,都要确保自己能够在目视可及的路面上能够平稳地停下车,如果后车跟车过近,就增大前方空间,这样在发生紧急情况时,你才有更多处置空间,控距是安全的根本。

亮尾,对于小汽车来说,就是合理使用灯光,而大型车辆,还要确保车后粘贴的反光标识清晰可见。被看到,才安全。

亮尾

驾车安全不只是取决于你的观察能力,也取决于你是否能被人看到,在能见度较差的恶劣天气中,你应该意识到被人看到有多重要。注意过货运机动车的车身都贴着红白相间的反光条了吗?这就是为了在恶劣天气下,通过反光标识提高车辆的可识别性,弥补车辆示廓灯的不足。

法律规定在行车时遇有低能见度天气状况时,应当开启前照灯、示廓灯和后位灯,高速行车时,遇到恶劣天气,能见度小于200

特殊天气的安全驾驶要领

米时，要开启雾灯、近光灯、示廓灯和前后位灯，能见度小于100米时，还要加开危险报警闪光灯。

及时开启车灯，对于所有交通参与者来说，都是很重要的。

请记好： 只有其他车辆知道你的存在，才能与你保持安全的距离，这是减少事故发生的一个非常有效的方法。亮尾是安全的保障。

降速、控距、亮尾这六个字，每个驾驶人都要记于心，践于行。

▶夜　　间

没有任何人会建议你夜间驾驶！明确一点，自驾游，重要的是游，是放松心情，提前安排好行程，没有什么理由需要你赶夜路,夜间驾车的风险要比白天高很多。

除了城区道路外，很多道路是没有路灯的，漆黑的夜色会让你迷失方向，而且你能够观察到的路况仅限于车灯照射范围内，比如前面是急弯路，如果车速太快，等车灯照射到时，已经来不及了。黑暗会掩盖住很多未知危险，对你的视力和精神都是一种考验，

如果必须夜间驾驶，要严防疲劳驾驶，车上有两个驾驶人的，建议每隔一小时轮换一次，只有一个驾驶人的，连续驾车时间最长不超过2小时，即便你白天睡眠充足，精神饱满，也必须休息，除非

特殊天气的安全驾驶要领 | 143

你刚从国外回来,生物钟还与异域保持一致。夜晚犯困是人的正常生理反应,每次休息时间都不能低于20分钟。

夜间驾驶要主动降低车速,将速度控制在白天行驶速度的70%~80%。晚间道路上往来最多的是货运机动车,与这些车拉开一定的距离,跟车要远,会车也如此。需要超越货车时,切换远近光和鸣喇叭的操作一起做,最大限度地引起货车司机注意。货车司机是不会为你的超车主动让路的,并不是不想让,单侧只有一条车道,也没地方让路,他们一般会保持原来的车速继续行驶,你的操作只是告诉货车司机你的存在而已。

如果前方道路上毫无征兆地出现一些石头、树枝等物体,要减速！这些物体可能是警示物,有的车夜晚抛锚,车上又没有三角警告牌,他们会通过这些东西来提醒后面的司机,看到它们,可能前方没多远就停着一辆故障车。

学会正确预见路面情况,夜间行车时容易对路面情况产生错觉,驾驶人错误地判断路面的情况,会导致车辆驶出路外,无法预见路面异常,导致操作不当。

遇到交叉路口,可根据横向道路行驶车辆的灯光照射,预测其他车辆行驶情况。如路口有对向车远光灯照射的散射光,可以判断车距离交叉路口还比较远；如大灯的灯光有光束或在路口拐角处树梢上有明亮的光线,就要提前做好让行的准备,要善于利用这些"路标"。同时,根据远方车辆灯光照射的光线还可帮助我们判断前方路况。在天气晴好的情况下,如对方是远光灯直射光线,且距离既远又清楚,可以判断前方道路平坦；如远光灯光线突然消失不见,可以判断前方有路口或弯道；如远光灯光线左右大幅度摆动,可以判断前方是弯曲道路；如远光灯光线上下浮动很大,可以判断前方是坡路或有严重颠簸。

对路面情况的判断可以通过颜色来完成,驾驶经验丰富的司机有句话：走灰不走白,见黑停下来。普通的沥青路面由于表面粗

▶夜　间

糙，所以当车灯照射在上面的时候会发生漫反射，所谓的漫反射就是光会向着四面八方进行反射，由于光线分散反射，使得前方路段在驾驶人眼中就会变成灰色。而如果前方路段是反射出白色，那就有可能路面有积水或结冰，因为积水或冰面会在这时如同一面镜子，车灯照在"镜子"上时，驾驶人看到的镜面就会变成白色。如果是白色面积不大，说明是小面积积水或小块冰面，倒是不需要刻意躲闪，把稳方向盘维持原有行驶方向轧过去，如果白色面积大就要停车观察了，视实际情况决定轧过去还是绕行。而黑色路面就更加需要谨慎驾驶，因为路面变成黑色，代表着车灯照过去之后灯光没有及时反射回来，这就说明前方有坑洼甚至路面断层，无论面积大小，都应该停车去查看状况。

夜间交叉路口行车

　　利用灯光距离也可以判断路况，如果在行驶过程中发现右边灯光照射突然变短了，但是左边的灯光却没有变化，这说明前面有一个左转弯弯路，反之亦然。如果灯光是左右交替变短，那么说明前方是一个S形弯路。在你与对向车会车时，对向的车辆没有开远光灯，但是你依然感觉灯光刺眼，这说明前方是一个下坡路。在平坦的路面行驶发现灯光突然变短变亮了，那么前方肯定是一个上坡路段。如果行驶在上坡路面，突然发现灯光找不到地面了，说明已经行驶到坡顶位置了，需要收油

灯光判断路况

特殊天气的安全驾驶要领 | 145

减速，反过来，如果在下坡路面行驶，发现灯光已经变亮变短的时候，说明下坡已经完成了。

听觉也能辅助你判断路况，一般来说，如果听到发动机声音变得沉闷、同时车速变缓，说明行驶阻力增加，汽车可能正行驶在上坡或松软路面上。如果听到发动机声音变得轻快、车速自动加快时，说明行驶中阻力减小，车辆可能正行驶于一段下坡路中。

关于远光灯的使用，很多驾驶人存在认知误区，夜间行驶要避免事故发生，很大程度取决于驾驶人的视距，驾驶人能够看到前方的距离对安全和有效操作车辆是至关重要的。在没有路灯的道路上行驶，90米至100米是非常关键的视距，视距不足90米，事故率就会上升。远光灯的光线是平行射出的，照射距离能达到80米到120米，如果你驾车行驶在漆黑的道路上，没有其他照明设备辅助，这时候开启远光灯，可以让你看到更远的距离，以便发现情况提早做出应对。在高速公路上行车，由于路上没有路灯，全靠车灯配合完善的反光标志系统，例如热熔反光标线、贴膜式反光轮廓标、发光地钉等，反射出行车道指示标线、路边轮廓、车道分割线和中央分隔带轮廓，远光灯更是行车不可或缺的帮手。

现在明白了吧，使用远光灯的条件是在没有路灯的道路上行车或高速公路上行车，在使用时要注意两点：①同方向行驶的后车近距离跟随前车行驶时，要换回近光灯；②距相对方向来车150米以内，要换回近光灯（在高速公路上不用考虑这个问题，中央隔离带上会有阻光板）；掌握的原则就是确保远光灯不会让别人眩目。乱用远光灯不但违法，也对自己的安全构成威胁，试想一下，对方驾驶人被你的远光灯照得短暂失明，谁能保证他的车不撞上你呢？

还有一种情况需要注意，夜晚需要倒车或掉头时，观察不清路况，请下车查看进退地形及道路四周的安全界限，然后再倒车或掉头，在前进、倒退中多留一些余地。

▶夜　　间

✦夜间驾驶的黄金提示✦

1. 自驾游，尽量避免夜间行车。
2. 夜间驾车，不要连续超过2小时。
3. 走灰不走白，见黑停下来。
4. 各种光源都能辅助你判断路况。
5. 在夜晚，除了保持目明，也要保持耳聪。
6. 远光灯当用则用，不能滥用。

小知识

1. 关于夜间行驶的法律规定

《道路交通安全法》第四十二条：机动车上道路行驶，不得超过限速标志标明的最高时速。在没有限速标志的路段，应当保持安全车速。

夜间行驶或者在容易发生危险的路段行驶，以及遇有沙尘、冰雹、雨、雪、雾、结冰等气象条件时，应当降低行驶速度。

特殊天气的安全驾驶要领

《道路交通安全法实施条例》第四十八条：在没有中心隔离设施或者没有中心线的道路上，机动车遇相对方向来车时应当遵守下列规定：减速靠右行驶，并与其他车辆、行人保持必要的安全距离；在有障碍的路段，无障碍的一方先行；但有障碍的一方已驶入障碍路段而无障碍的一方未驶入时，有障碍的一方先行；在狭窄的坡路，上坡的一方先行；但下坡的一方已行至中途而上坡的一方未上坡时，下坡的一方先行；在狭窄的山路，不靠山体的一方先行；夜间会车应当在距相对方向来车150米以外改用近光灯，在窄路、窄桥与非机动车会车时应当使用近光灯。

第五十一条：机动车通过有交通信号灯控制的交叉路口，应当按照下列规定通行：在划有导向车道的路口，按所需行进方向驶入导向车道；准备进入环形路口的让已在路口内的机动车先行；向左转弯时，靠路口中心点左侧转弯。转弯时开启转向灯，夜间行驶开启近光灯；遇放行信号时，依次通过；遇停止信号时，依次停在停止线以外。没有停止线的，停在路口以外；向右转弯遇有同车道前车正在等候放行信号时，依次停车等候；在没有方向指示信号灯的交叉路口，转弯的机动车让直行的车辆、行人先行。相对方向行驶的右转弯机动车让左转弯车辆先行。

第五十八条：机动车在夜间没有路灯、照明不良或者遇有雾、雨、雪、沙尘、冰雹等低能见度情况下行驶时，应当开启前照灯、示廓灯和后位灯，但同方向行驶的后车与前车近距离行驶时，不得使用远光灯。机动车雾天行驶应当开启雾灯和危险报警闪光灯。

第五十九条：机动车在夜间通过急弯、坡路、拱桥、人行横道或者没有交通信号灯控制的路口时，应当交替使用远近光灯示意。

机动车驶近急弯、坡道顶端等影响安全视距的路段以及超车或者遇有紧急情况时，应当减速慢行，并鸣喇叭示意。

第六十条：机动车在道路上发生故障或者发生交通事故，妨碍交通又难以移动的，应当按照规定开启危险报警闪光灯并在车后50

米至100米处设置警告标志，夜间还应当同时开启示廓灯和后位灯。

2.汽车车灯详解

我们的车上常见的车灯有示廓灯、近光灯、远光灯、雾灯、转向灯、刹车灯、倒车灯和危险报警闪光灯。

说到"灯"，是不是首先想到为了照明？其实这些车灯，真正用于为自己照明的，只有远、近光灯而已，其他车灯的作用更偏向于警示。

示廓灯，也叫示宽灯，位置是在车前、后最边上的灯，打开车灯开关的第一档位置，就是它

车头灯的分布

了。示廓灯顾名思义，就是警示车辆的轮廓，提醒其他车辆注意，在光线稍暗时告诉其他车辆，本车的位置在哪里。

近光灯，是为车辆行进方向近距离照明，照射距离一般在三四十米，光线呈扇形状，角度偏向于地面。近光灯是我们晚间行车及能见度降低情况下最常用到的灯光。

远光灯，一般用于在高速公路、郊区等没有路灯的道路上行驶时开启，远光灯的光线是平行射出的，亮度也较大，照射距离可以达到80米至120米，在漆黑的道路上开启远光灯，可以让驾驶人看到更远的距离，以便发现情况后提早做出应对。

雾灯，主要作用就是在遭遇恶劣天气，能见度低时，让其他车辆看到自己的车。雾灯的光源有较强的穿透性，因此适用于能见度低的情况。

转向灯，安装在车前车后及后视镜上，在车辆行进方向发生变化前，就要开启它，通过频繁闪烁向其他车辆和路人发出提示信号，从车辆起动到停车，都离不开它。

刹车灯，安装在车辆尾部两侧，还有一个在车尾较高处，这个是高位刹车灯，它们的主体颜色都是红色，作用是提示后面车辆本

车在减速，起到防止追尾事故发生的目的。刹车灯没有独立开关，踩下刹车就会亮起。

倒车灯，安装在汽车的尾部，用于倒车时照亮车后的情况，并警示车后的车辆和行人。有的车辆，倒车灯只有一个，安装在车尾右侧，左侧就是后雾灯，这是因为倒车灯光源颜色接近于近光灯，两个倒车灯同时亮起，有可能让后方车辆误认为你的车正面对着他在开，降低了后车驾驶人的警惕，只有一个倒车灯，后车驾驶人就能轻易分辨了。

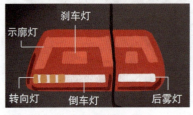

车尾灯的分布

危险报警闪光灯，是提醒其他车辆与行人注意本车发生特殊情况的信号灯，平时基本用不到，只有在道路上发生故障、交通事故难以移动车辆时，以及牵引其他车辆或被牵引时，还有遇到特殊天气状况时，才应开启的。

上面说到的车灯，基本每辆车都有，而近几年越来越受到青睐的日行灯，大家也不陌生吧，它的存在既不是为了照明，也不是为了好看，主要作用是让前方和对向车辆注意到你所驾驶车辆存在的位置，提高安全性。

说了这么多，是不是对自己车辆的各种灯具有了一个全新的认识？原来大部分车灯的作用都是警示，那么，关于车灯的使用，法律是如何规定的呢？

转向灯是应用最为频繁的，当车辆驶离停车地点、转弯、变更车道、准备超车、超车完毕、从匝道驶入高速公路、驶离高速公路、靠路边停车时，都要开启转向灯，这些情况都有法规的明确规定，可以说开启转向灯的操作贯穿于我们驾车全过程。特别注意的是，车辆掉头时，只是开启左转向灯，进入环岛时不需要开启转向灯，驶出环岛时要开启右转向灯。

关于近光灯的使用，法律单独规定的情形是夜间会车应当在距相对方向来车150米以外改用近光灯，在窄路、窄桥与非机动车会车时应当使用近光灯。也就是说如果你在白天行驶时也想开近光灯，这并不违法。

但对于远光灯，法律却有很多强制使用规定：机动车在夜间没有路灯、照明不良或者遇有雾、雨、雪、沙尘、冰雹等低能见度情况下行驶时，应当开启前照灯、示廓灯和后位灯。这里所说的"前照灯"就包含远光灯及近光灯，如果行驶在没有路灯的郊外公路或高速公路，为了安全要开启远光灯，只是要注意下面两点：①同方向行驶的后车与前车近距离行驶时，不得使用远光灯；②距相对方向来车150米以内，不得使用远光灯。第二点在高速公路上不需要考虑，因为全封闭的高速公路，中央分割带上会设置遮光板，阻挡对向车辆的灯光。

法律还规定了需要你切换远近光灯的情形：机动车在夜间通过急弯、坡路、拱桥、人行横道或者没有交通信号灯控制的路口时，以及机动车在超车时，应当交替使用远近光灯示意。这是靠灯光来起到提示的作用，很多驾驶人都忽略了这项法律规定。

关于雾灯的使用，当然是有雾时才开启了，可有的驾驶人一到晚间行车，就把近光灯和雾灯同时开启，这是错误的，雾灯并不能起到照明的作用，而且由于光线强烈，会对其他车辆造成影响。

法律还规定了组合使用灯光的情形，机动车在高速公路上行驶，遇有雾、雨、雪、沙尘、冰雹等低能见度气象条件时，应当遵守下列规定：能见度小于200米时，开启雾灯、近光灯、示廓灯和前后位灯，能见度小于100米时，加开危险报警闪光灯。开启这一组灯，不只是为了自己车辆照明，更为了让其他车辆知道你的存在，最大限度地降低发生事故的概率。

上面提到的危险报警闪光灯，俗称"双闪灯"，这也是经常被驾驶人错误使用的灯光，法律规定以下情形需开启它：①机动车在道路上发生故障或者发生交通事故，妨碍交通又难以移动的；②牵引他车和被牵引时；③在高速公路上行驶遇有雾、雨、雪、沙尘、冰雹等低能见度小于100米的气象条件时；④道路养护施工作业车辆在作业时；⑤机动车在雾天行驶时。通过法律规定我们应当知道，在普通道路上行驶，只有雾天行车时，才可以开启危险报警闪光灯，雨、雪、沙尘等天气，在普通道路上行驶，是不可以开启的。

在恶劣天气中行车，如果看不清路面，就无法快速评估前方道路上的各种危险源。如果其他人看不到你的车，那也同样危险，当光线变暗时，不要吝惜使用车灯，只要车辆在行驶，电瓶就在不停地充电，开启车灯并不费油，也不会耗尽电瓶的电量。明白这一点，就时刻告诉自己，开车时车灯一定要开！

远光灯能让你看到更远的情况，但开启远光灯的前提条件是路边没有其他照明设备，同时在与其他车辆会车时及近距离跟车行驶时，都要切换回近光灯。

有的驾驶人特别喜欢开危险报警闪光灯，甚至遇到下雨、下雪的天气，就马上打开"双闪"，认为这样更安全，这个观点是错误的。双闪灯开启后，除了少数有转向灯优先的车型之外，多数车型的转向灯功能都会被双闪灯屏蔽掉，当你想改变行驶方向时，其他车辆无法通过转向灯判断你的动向，这是不是事故隐患呢？

对于汽车来说，车灯就如同人的眼睛，保持眼睛明亮才可以让我们更加清晰地接收信息。驾车出行前除了擦干净玻璃外，别忘了把车灯外罩也擦拭一下。

▶ 雨　天

都知道下雪天气，路面会变得很湿滑，驾驶人也会提高警惕，但很多人对下雨带来的路面湿滑认知度非常低。根据事故统计，能够很客观地反映出一个问题，小雨时，路面交通事故频发，雨下大了，反而事故减少了，这是为什么？因为刚刚降雨时，雨水与路面上的油污、泥沙混合在一起，形成一层相当光滑的膜，湿滑程度与冰雪路面接近，这就是下小雨时追尾、剐蹭事故频发的原因。

降雨除了带来路面湿滑的危险，还会带来严重视线遮挡，暴雨时雨刮器开到最大频率都无法刮净雨水，雨刮器刮不到的地方，每个雨滴都如同一个多棱折射镜，把各种光源反射过来，干扰你的视线，再加上车内玻璃起雾，外后视镜上挂满雨滴，都妨碍你观察路况。

特殊天气的安全驾驶要领

聊聊自驾游 安全行车这些事儿

降雨还会给你带来很大的心理压力，没有人喜欢在这样的环境中驾车，驾龄越长，越懂得雨天的危险，新手认知程度不足，出过一次事故后，就对降雨产生心理畏惧了。

还有一些车外因素的影响，例如路面积水后，其他车辆驶过，有可能会溅起积水，瞬间在你的前挡风玻璃上形成一个"水帘"，路边非机动车、行人的行动也会变得异常起来，雨衣、雨伞都会遮挡视线，有时为了躲避水洼，非机动车及行人会突然闯入你行进的路线上来，驾车时对这些情况都要做好防备，以免事故发生。

彻底解决降雨带来的问题，首先从"擦亮双眼"开始。

在平日驾驶中，都要确保每一块车玻璃清洁通透，雨天更是如此，前挡风玻璃尤为重要。有些污垢是雨刮器和玻璃水解决不了的，例如小虫子的尸体、油渍等，怎么刮也刮不干净，这需要手工清除，用湿抹布擦拭玻璃上的虫子尸体，一天内的飞虫尸体基本都能擦掉。也可以在车内提前准备合适的清洗剂，喷在玻璃上再擦拭。

雨刮器应该在自驾游出发前就检查过，途中需要注意随时补充玻璃水，避免干刮。

前挡风玻璃

对于外后视镜上的雨滴，可以使用车内的后视镜加热功能处理。

解决了玻璃外部的问题，再解决车内起雾问题。下雨的时候，车外和车内的温差比较大，哪怕是夏季的雨天，在车内和车外也会有温差，车外温度低，车内温度高，这时候车窗玻璃的温度也会随之降低，车内的湿气在遇到冰冷的车窗后，就会凝结成水雾。

有的驾驶人习惯用布擦拭，这个方法治标不治本，雾气会很快重新集结，而且边驾车边擦玻璃也不安全，最简单的办法是将车窗打开一条缝，让车内外空气对流，当车内外温度接近时，雾气就消

▶ 雨 天

失了，不过这种方法不太适合大雨天气。

　　见效最快的办法是打开空调并将温度调低，将送风方式调至除雾，这样冷气会通过各个出风口吹到玻璃上，在玻璃表面形成一道"寒气膜"，阻止水汽在玻璃上凝聚，雾很快就被吹散，见效很快。

　　开暖风也能起到除雾效果，但刚开暖风，玻璃上的雾气会更浓，需要过一段时间才能见效，所以使用暖风除雾，请先选择安全地点停车，等雾气消散后再行驶。

　　需要注意的是，有的车型没有给侧窗送风的出风口，需要手动调节出风口方向。后挡风玻璃除雾，使用的是电阻丝加热方式，车上有这个按键，按下去即可。

　　还有一种未雨绸缪的处理方法，就是购买专用的除雾剂，将除雾剂喷涂到玻璃表面，并擦拭干净，这样就形成了一层保护膜，阻止水汽在玻璃上的凝结，除雾剂也可自己配制，洗涤灵和水按1:10的比例调配，然后喷到玻璃上，稍后擦拭干净，效果可维持一两周左右。

　　这几种除雾方法，大家可根据实际情况自行选择，但要记住一点：除雾是为了提高行车安全性，所以请记好：无论采用哪种方法除雾，都要在行驶前或车辆停稳后操作，安全第一。

　　雨天开车灯也是必须要做的，这不是建议，是法规的规定。机动车在夜间没有路灯、照明不良或者遇有雾、雨、雪、沙尘、冰雹等低能见度情况下行驶时，应当开启前照灯、示廓灯和后位灯，但同方向行驶的后车与前车近距离行驶时，不得使用远光灯。开车灯不只是为了照明，也是为了让其他交通参与者注意到你的存在，主动与你的车保持距离，这是减少被撞事故的有效方法。除了高速公路外，雨天行车不要开危险报警闪光灯。

　　雨天也不要开远光灯，雨天开远光灯除了会影响其他驾驶人视线外，在雨下得很大的时候，雨水形成的雨帘会把远光灯的强光反

特殊天气的安全驾驶要领

射回驾驶人的眼睛里，妨碍自己观察路况。在高速公路上行驶，当能见度低于200米时，开启雾灯、近光灯、示廓灯和前后位灯；能见度低于100米时，才加开危险报警闪光灯。

解决了看见别人和被人看到的问题后，我们按照降雨量大小分别讲解小雨、中雨和大雨中如何确保驾车安全。

小雨天气行车，相对于中雨和大雨，反而是最危险的，也最容易发生事故，因为驾驶人容易忽视小雨天气带来的危险，而且论路面的湿滑程度，小雨时才是最滑的。平时的路面上有各种油污、泥沙和轮胎橡胶的残留物，下小雨时，雨水就把这些东西都混合在了一起，形成了一层"滑膜"铺满整个路面，这层滑膜的湿滑程度与雪天差不多。正常干燥沥青路面的摩擦系数约为0.7，下小雨后，路面的摩擦系数就降到0.4了，几乎降低了一半，雪天路面摩擦系数是0.28，与雨天相差无几。

小雨天气行车

摩擦系数降低意味着车辆制动距离变长，这就需要与前车保持更大的跟车距离，或者是将车速降低一半。例如正常天气时你在国道上以每小时60公里的车速行驶，每秒钟车辆前进距离是16.8米，按照3秒跟车距离推算，安全车距应该是50.4米，雨天时，把车速降低到每小时30公里，依然保持50米跟车距离是安全的，降低车速和拉大跟车距离两个选项，首选降速。

通过后视镜观察后方车辆情况，感觉后车跟车太近，可以轻点

▶雨　　天

制动，通过频繁亮起刹车灯来提示后车驾驶人保持安全车距，避免自己被追尾。

　　保持安全距离不只是与前车和后车，还要注意两侧的非机动车和行人，多给其他人留有余地，因为他们可能为了避开水洼而猛然转向，也可能因为瞬间的大风，被吹到机动车道上。下雨的声音遮盖住了汽车行驶的声音，雨水同样遮挡了他们的视线，不要以为他们能听到和看到，很多事故的发生都是双方自己认为的"对方应该能注意到我"，没有理由去冒险，只有自己提前做好防备才最稳妥。

　　湿滑的路面还容易导致车辆侧滑、甩尾，转弯时转向过度会失控，这要求我们所有驾驶操作都要放慢放轻柔，除了速度放慢，还有转动方向盘慢，加油提速慢，踩刹车轻柔，避免急踩刹车造成侧滑。

　　也许你会问，急刹车如何避免？肯定是遇到突发状况了才会急刹车，既然是突发，自然没法预判了。其实不然，预见危险是一个成熟驾驶人的基本功，可以基于驾驶人丰富的经验和日常对路况的准确预判来实现，例如前车刹车灯亮，有可能是正常的减速，也有可能是前面有障碍物，或者是其他突发情况，你在后面是看不到具体情况的，完全没必要去思考他到底为什么刹车，只需要跟随减速即可，别等到临近了再采取措施。看到路边有冒雨行走的人，应该想到他在急于找避雨的地方，行走路线变得不稳定；前方正在骑行的非机动车驾驶人，突然减速，有可能是要转弯了等，诸如此类，都可以通过观察提前预判出后面可能发生的事，然后采取备刹车或拉开间距的操作，这也是防御性驾驶的一个精髓。

　　最高明的避险方式是防患于未然，而不是把一些可以避免的险情交给运气。

　　中雨天气行车，雨落如线，能见度进一步降低，地面会形成局部小水洼。此时雨刮器要根据雨量进行调整，开启到连续低速摆动挡位上，或放在自动间歇工作挡位上，调节间歇频率。（某些车型

特殊天气的安全驾驶要领

的雨刮器自动间歇工作档位是可以调节摆动频率的，让雨刮摆动频率根据车速高低而快慢不同，摆动频率的调节方法有拨动式和旋钮式，具体参考车辆说明书。）雨量没达到特别大的程度，雨刮器摆动频率也别太快，否则会造成雨刮器"干刮"。

遇到局部小水洼，握紧方向盘，直接径直轧过去就可以，没必要刻意躲避，更不可大幅度打方向盘躲避，刚才说过，雨天打方向盘的幅度要慢，打快了，就容易发生侧滑。

中雨天气行车

大雨、暴雨天气行车，雨落如倾盆，模糊成片，路面会产生大面积积水，有的水洼很深。这时需要注意，尽量不跟在大型车辆后面，或者是拉开很大车距跟随，有经验的驾驶人都知道，大型车在雨天行驶时，轮胎卷起的路面积水会在车后方及两侧形成很大面积"水雾"，严重妨碍后方车辆视线，雨刮器都刮不净这样的"水雾"，那是相当的危险，没有百分之百的把握，也不要试图超越大型车辆，只有在路面开阔处，降挡瞬间提速，然后拉开更大横向间距，迅速完成超车。

大雨时，还要当心"水滑"现象出现。所谓"水滑"现象就是雨天汽车在积水路面上高速行驶时，轮胎与路面间的存水不能排除，水的压力使轮胎上浮，形成汽车在积水路面上滑行的现象。在这种状态下，轮胎和路面间彻底失去了摩擦力，致使汽车难以控制而陷于危险境地。

明确一点，在雨天的路面上行驶，只要车速和路面积水两个条件都满足，任何汽车都有可能产生"水滑"现象，高速公路上更容易发生，必须严加注意。

在反向弯道上行驶时，也要留心通过衔接两个弯道的那段中间平坦路段。当汽车从一个弯道驶向另一个弯道时，由于中间这段从设计上就很难解决两端弯道超高导致的排水困难问题，因此，该路段也是比较容易发生"水滑"的地方，要高度注意行车安全。

汽车出现"水滑"时的车速称为临界车速。临界车速因轮胎气压、轮胎触地部的形状和磨损程度、积水路面的水深、车重、路面状态等不同而各异。实验结果表明，一般定员五人的普通小型客车在使用新轮胎的情况下，当路面水深为2毫米时，出现"水滑"现象的临界车速为每小时120公里，水深为6毫米时的临界车速为每小时100公里，水深为8毫米时的临界车速为每小时90公里。也就是说汽车在不同积水深度所对应的不同临界车速均会产生"水滑"。同样，空载车辆比重载车辆产生水滑的可能性要高。

大雨、暴雨天气行车

避免"水滑"现象，我们完全可以通过控制行驶速度来实现。在雨中或在积水路段行驶，如果你感觉方向盘产生"弹回"的感觉,然后方向盘变得无力,就像开到了冰面上一样,应意识到这可能是发生"水滑"的危险信号。

此时不要慌张,切忌急踩制动和急打方向盘,这只会让车辆彻底失控,应对的方法是立即松开加速油门,双手紧握方向盘,朝侧滑的反方向稍微打一点角度,维持住车辆向前行驶方向,逐渐等轮胎恢复与地面接触,然后再轻点制动,恢复对车辆的控制,这个操作方法,没有经验的驾驶人很难掌握,所以请控制好车速,尽量避免"水滑"发生。

雨天驾驶的黄金提示

1. 边开车边用布擦拭雾气是最笨的办法,要用空调除雾才彻底。

2. 雨天开雨刮器的同时,请打开近光灯,这不是建议,是法规的规定。

3. 雨天驾驶开远光灯,雨水形成的雨帘会把远光灯的强光反射回驾驶人的眼睛里,妨碍自己观察路况。

4. 论路面的湿滑程度,下小雨时才是最滑的,接近冰雪路面。

5. 在降低车速和拉大跟车距离两个选项之间选择,首选降低车速。

6. 雨中驾车,所有驾驶操作都要放慢、放轻柔。

7. 预见危险是雨中行车的基本功,可以基于驾驶人丰富的经验和日常对路况的准确预判来实现。

8. 最高明的避险方式是防患于未然,而不是把一些可以避免的险情交给运气。

9. 大型车在雨天行驶时,轮胎卷起的路面积水会在车后方及两侧形成很大面积"水雾",跟在大型车后边行驶时要么远远跟随,要么找准时机再超越。

▶ 雨 天

1. 关于雨天驾驶的法律规定

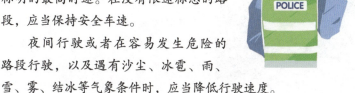

《道路交通安全法》第四十二条：机动车上道路行驶，不得超过限速标志标明的最高时速。在没有限速标志的路段，应当保持安全车速。

夜间行驶或者在容易发生危险的路段行驶，以及遇有沙尘、冰雹、雨、雪、雾、结冰等气象条件时，应当降低行驶速度。

《道路交通安全法实施条例》第四十六条：机动车行驶中遇有下列情形之一的，最高行驶速度不得超过每小时30公里，其中拖拉机、电瓶车、轮式专用机械车不得超过每小时15公里：进出非机动车道，通过铁路道口、急弯路、窄路、窄桥时；掉头、转弯、下陡坡时；遇雾、雨、雪、沙尘、冰雹，能见度在50米以内时；在冰雪、泥泞的道路上行驶时；牵引发生故障的机动车时。

第五十八条：机动车在夜间没有路灯、照明不良或者遇有雾、雨、雪、沙尘、冰雹等低能见度情况下行驶时，应当开启前照灯、

特殊天气的安全驾驶要领

示廊灯和后位灯,但同方向行驶的后车与前车近距离行驶时,不得使用远光灯。机动车雾天行驶应当开启雾灯和危险报警闪光灯。

第八十一条:机动车在高速公路上行驶,遇有雾、雨、雪、沙尘、冰雹等低能见度气象条件时,应当遵守下列规定:

能见度小于200米时,开启雾灯、近光灯、示廊灯和前后位灯,车速不得超过每小时60公里,与同车道前车保持100米以上的距离;

能见度小于100米时,开启雾灯、近光灯、示廊灯、前后位灯和危险报警闪光灯,车速不得超过每小时40公里,与同车道前车保持50米以上的距离;

能见度小于50米时,开启雾灯、近光灯、示廊灯、前后位灯和危险报警闪光灯,车速不得超过每小时20公里,并从最近的出口尽快驶离高速公路。

2.雷雨天车内安全吗

汽车是全封闭的,而且外壳是金属制成的,因此对车内的人而言,在打雷时坐在车里,才是最安全的。遇到雷雨天气时,行驶中的车辆只要关闭了所有的车窗,使车辆形成一个完全封闭的空间,封闭的车辆属于中空而封闭的导体,即使被雷电击中,电流也会经过车身表面传到地面,车辆内的人员不会受到任何影响。

雷雨天行驶

▶ 雪　　天

冰雪天气对于任何驾驶人来说，都是个噩梦，最主要的影响就是地面湿滑。冰雪路面的摩擦系数只有干燥路面的四分之一，车速快了，必定失控。法规规定冰雪路面上行驶，最高行驶速度不得超过每小时 30 公里，这个要绝对遵守。

冬、春季节自驾，即使没下雪，也要提防路面结冰，因为有些地方被树叶、建筑物遮挡，阳光照射不到，只要温度够低，冰层就会在这里长期存在，如果有条件，可以换冬季轮胎，从源头增加轮胎的摩擦系数。

国际通用的标准是把适合低于7℃下使用的轮胎称为冬季轮胎。一般说来，7℃以下最好换冬季胎，原因是普通的轮胎在低温时胶质变硬，抓地能力下降，轮胎的制动性能因此而下降，而冬季轮胎通过特殊的胎面胶设计以及花纹设计，可以在冰雪路面上提供更强的抓地性和防滑性，保障低温状态下汽车在路面的附着力，无论在干冷、湿滑还是积雪的路面都能提供很好的制动和操控等性能。

路面结冰情况严重时，要给轮胎安装防滑链，在防滑链的使用中注意以下几个问题。一是安装、拆卸防滑链前要将车辆停放在安全地带，参考换备胎的防护措施。二是防滑链有尺寸限制，分别适合不同的轮毂尺寸和胎宽，注意选择与车轮尺寸相配的防滑链。三是安装防滑链后，行驶速度一般不要超过每小时30公里，并注意尽可能避免急加速和急刹车。四是当车辆驶入无需使用防滑链的路面时，请及时卸去防滑链。

没有冬季轮胎和防滑链，也并非束手无策，在冰雪道路上行驶，一个很实用的防滑操作就是尽量较低挡位缓慢匀速行车，方向盘保持稳定，刹车靠预判，多用提前收油的方式减速，少踩刹车，即使必须踩刹车，也要很轻柔。

雪天行车前，要将车身上所有的冰雪都清理干净，不只是车窗，而是所有！确保车窗、灯具、后视镜和车牌没有遮住，车顶上的积雪要清理掉。否则，在行车时如果猛踩制动，车顶积雪可能滑到挡风玻璃上，使行车的视线受阻。起步前再检查一下车轮，轮胎顶部是否有结成块的积雪，确保刹车盘上也没有受到任何形式的阻挡和妨碍。有的驾驶人图省事，直接用雨刮器清雪，这容易导致雨刮器损坏。别懒，下车手动清理积雪吧，玻璃上如果有冰，可以起动车辆，等待车内温度升高后再用硬卡片铲除玻璃上的冰雪，千万不要朝玻璃上泼滚烫的开水，不然玻璃会炸裂的。

冰雪路面转弯，要防备转向不足或转向过度，转向不足就是驾驶人打方向盘时，车辆并没有达到想象中的弯度，转向过度就是方向盘摆动幅度不大，车辆却出现旋转失控。一般前轮驱动的车容易出现转向不足的情况，后轮驱动的车容易出现转向过度，应对的办法就是一个,减速,低速状态下缓慢打方向盘,慢慢过弯。

冰雪路面的起步也与平日不同,手动挡车型挂一挡慢慢松开制动踏板,缓抬离合器,让车辆缓慢动起来后再轻踩加速踏板。切忌起步时深踩油门,这样车轮必定打滑。自动挡车型挂入D挡后也是稍微轻点一下加速踏板,让车自己行起来,如果路面有积雪,起步打滑,建议采用手动挂2挡起步,减少发动机动力输出,让车轮打滑现象得到抑制。部分自动挡车型带有雪地模式,让你的起步更为轻松,原理是一样的,雪地模式限制发动机动力输出,让加速反应迟钝,起步会平顺些。

冰雪路面转弯要慢

雪下有冰是最最危险的情形,这种冰非常隐蔽,靠眼睛是发现不了的,在上面行驶,摩擦力几乎接近于0,极易引发事故。行驶中如果感觉方向盘忽然变轻,轮胎的噪声也消失了,那就是遇到雪下有冰的路况了,如果是因踩制动发生了侧滑,立即松开制动踏板,如果是因踩加速踏板,立即松开踏板,先消除导致侧滑的"原因",向侧滑方向的反方向稍微打一点方向,让车继续维持向前滑,这时候不要试图减速,等车速自然降到很低时,再轻点刹车试一下能不能恢复对车的控制,路边有松软的雪堆,可以提供一层保障,轧过去摩擦力会很大。

关于刹车,在冰雪路面驾驶,最怕的就是刹不住。尽管现在车辆基本上都配备了ABS防抱死系统,即使大力踩制动踏板,车轮也不会严重抱死,ABS会将滑移率保持在20%左右。同时车辆都配有EBD制动力分配系统,可以让车辆的制动做出适当的分配。因此,在冰雪路面制动时,大力踩下去并不会发生翻车危险,ABS马上开始工作,从而获得最大的制动效果。

冰雪路面刹车效果差

但考虑到路面的附着力很低,此时刹车的效果会有所降低,驾驶人应该学会利用发动机降挡制动的技能,在需要减速时,进行逐级降挡,让发动机拖拉车辆减速,这样减速效果更好而且非常平稳。如果遇到坡道,上坡时与前车拉开很大的车距,防止前车溜车,也避免自己中途停车,打滑起步困难,特别是后驱车型。下坡时提前挂入低挡位,用发动机辅助制动,让车速减慢。

在大雪天气驾车,雪会将路面完全覆盖,分不清哪里是路面,哪里是路基甚至边沟,如果路面有前车的车辙,尽量沿着车辙走,没有车辙的,尽量从路中间走。

> **❋ 雪天驾驶的黄金提示 ❋**
>
> 1.最高行驶速度不得超过每小时30公里,这个要绝对遵守。
> 2.雪天行车前,要将车身上所有的冰雪都清理干净。
> 3.冰雪路面起步,可以挂入2挡。
> 4.路面被积雪覆盖,寻找前车的车辙,沿着走。

▶ 雪　　天

1. 关于雪天驾驶的法律规定

《道路交通安全法》第四十二条：机动车上道路行驶，不得超过限速标志标明的最高时速。在没有限速标志的路段，应当保持安全车速。

夜间行驶或者在容易发生危险的路段行驶，以及遇有沙尘、冰雹、雨、雪、雾、结冰等气象条件时，应当降低行驶速度。

《道路交通安全法实施条例》第四十六条：机动车行驶中遇有下列情形之一的，最高行驶速度不得超过每小时30公里，其中拖拉机、电瓶车、轮式专用机械车不得超过每小时15公里：进出非机动车道，通过铁路道口、急弯路、窄路、窄桥时；掉头、转弯、下陡坡时；遇雾、雨、雪、沙尘、冰雹，能见度在50米以内时；在冰雪、泥泞的道路上行驶时；牵引发生故障的机动车时。

第五十八条：机动车在夜间没有路灯、照明不良或者遇有雾、雨、雪、沙尘、冰雹等低能见度情况下行驶时，应当开启前照灯、示廓灯和后位灯，但同方向行驶的后车与前车近距离行驶时，不得使用远光灯。机动车雾天行驶应当开启雾灯和危险报警闪光灯。

第八十一条：机动车在高速公路上行驶，遇有雾、雨、雪、沙尘、冰雹等低能见度气象条件时，应当遵守下列规定：

能见度小于200米时，开启雾灯、近光灯、示廓灯和前后位灯，

车速不得超过每小时60公里,与同车道前车保持100米以上的距离;

能见度小于100米时,开启雾灯、近光灯、示廓灯、前后位灯和危险报警闪光灯,车速不得超过每小时40公里,与同车道前车保持50米以上的距离;

能见度小于50米时,开启雾灯、近光灯、示廓灯、前后位灯和危险报警闪光灯,车速不得超过每小时20公里,并从最近的出口尽快驶离高速公路。

遇有前款规定情形时,高速公路管理部门应当通过显示屏等方式发布速度限制、保持车距等提示信息。

2.要不要热车

天气寒冷,都会有朋友纠结到底需不需要"热车",有人说需要,也有人说完全没必要,那么"热车"的说法到底是从何而来?从技术上如何理解?现在还需不需要"热车"?

热车

大家所说的"热车",其实是在天气寒冷的时候,起动车辆后原地急速热车,这个习惯不是凭空创造出来的,而是源于"化油器发动机"时代,原来的汽车发动机,都是采用化油器技术,化油器的作用是将汽油变成雾状与空气在发动机内混合燃烧,它的特点是必须达到一定的温度才能正常工作,否则不能把汽油很好地雾化,导致供油系统不能正常工作。所以很多驾龄较久的驾驶员都养成了原地热车很久的习惯,热车之说也就流传了下来。

现在我们驾驶的汽车,都采用电控汽油喷射系统,电喷系统的工作原理是通过电脑控制,精确控制喷油量,经过喷油嘴的汽油已经雾化得很好了,起动后极短的时间就可以稳定转速,外界温度对它的影响十分有限,所以并不需要原地"热车"。

▶ 雪　天

也有人说"热车"是因为汽车经过长时间停放，再次起动后，机油需要时间才能到达各个需要润滑的部件，实际上，机油泵将机油运送到发动机最需要润滑的活塞、连杆及曲轴等部件只需几秒钟而已，不用长时间原地等待。

当然，原地热车也不至于损伤发动机，但是仅靠怠速，发动机很难快速达到最佳温度，后果是更容易附着积炭、排放污染严重，还有就是特别费油。

如此看来，"热车"也不是完全没有必要。告诉你一个正确"热车"的方法。

起动车辆后，可看到怠速比较高，此时我们可以系好安全带，调整座椅，大约30秒左右怠速恢复正常，挂挡起步，低速行驶，避免猛加油的操作，等待水温达到90°后，就可以正常驾驶了。这就是正确的"热车"方式。

3.陷入雪中如何脱困

万一车辆陷在雪中，想再起步就比较困难了，驾驶人常犯的错误是不停地踩加速踏板，这样只会造成轮胎空转，车在雪中会越陷越深。

正确的处置方法是原地向左向右打方向盘，清除轮胎左右的积雪，然后把车轮摆正，挂入2挡或3挡，缓慢起步。这个方法不行的话，可以在驱动轮（一般小客车是前轮驱动）下面垫上麻袋、脚垫或木板等物体，增大摩擦力，然后再起步。

雪中脱困

还可以在前进挡和倒车挡之间不停地切换，让车前后移动，每次可以移动几厘米，直到把车移出来。

如果车上带有充气泵，可以先将每个轮胎放气，增大轮胎接触面积，附着力会大大增强，脱困后立即给轮胎充气。

4. 暖风的使用

大家都知道夏天开空调，油耗会上升，那冬天开暖风，也是这样吗？其实暖风和冷风的形成原理不太一样，吹进车内的暖风是发动机散热形成的，发动机舱里有一个小风扇，将冷却系统收集的热量吹到车内。即使你不开暖风，这些热量也会被排到车外。所以别为了省油，在车里冻着自己了。明白了这个，开暖风也就没必要按下"AC"键了，直接开风扇就好。

那什么时候开暖风合适呢？刚起动汽车，水箱的温度还比很低，开暖风也没效果，当水温指针到达中间位置的时候，就可以使用暖风了。

使用暖风

开暖风时有一点需要特别注意，关乎生命！不要开着暖风在车内睡觉！发动机在工作时，燃油燃烧不完全，会产生高浓度的一氧化碳，当汽车在行驶时，由于空气流通，所以车内一氧化碳的浓度很低。但车辆原地怠速，紧闭车窗并开暖风，发动机排出的一氧化碳就会因逐渐积聚而浓度升高，车内的人会因一氧化碳中毒死亡。

▶ 强　风

强风对行车安全会产生什么影响呢？如果你觉得没什么影响，那是你没经历过真正的强风。连霍高速新疆乌鲁木齐至吐鲁番之间著名的三十里风区路段，经常遭遇瞬间强风。当地高速交警为确保车辆通行安全，常对这一路段实施交通管制分流，可见强风对车辆行驶是有很大影响的。

强风对行车的影响，最主要来自横风，当高速行驶的汽车侧面受到横风作用时，强风对汽车的作用，往往是诱发事故的原因。横风对箱形汽车，如面包车、大型客车、帆布篷货车的影响是最大的，因为这类车辆的整体重心较高，侧面的面积较大。另外，重量轻的小客车，同样也容易受到横风的影响。

特殊天气的安全驾驶要领

聊聊自驾游 安全行车这些事儿

如今车辆设计都在强调更低的风阻系数，在正常高速行驶时，车外的气流会在车表形成一个下压的力以增强行驶稳定性，但突然袭来的强风会打破这种涡流，令原本的下压力方向发生改变，阻力和升力也有一定程度的增加，这样就会令车辆的行驶路线发生偏移。有点不好理解吗？简单地说就是风会吹乱你行车的节奏。

而且，横风的作用是随车速的提高而加剧的。例如你从隧道驶出的瞬间，或驶向风力贯穿的桥梁、高架桥等路段时，往往会突然遭到强横风的袭击。在山区行车，有时也会遇到突如其来的强烈山风，时间短而风力强，强风能把车辆吹得偏离行车路线，由于风速和风向的非连续变化，驾驶人会感到汽车发飘，方向盘难以把控。强风卷起来的各种异物还会遮挡视线，这些都是强风带来的不利影响。

经常有强风的地方，会有注意横风警告标志牌提示，这个牌子是这样的。

这个标志牌用以提醒车辆驾驶人小心驾驶，设置在经常有很强的侧向风路段以前适当位置。

横风警告牌

驾车遭遇强风的时候，首先将所有车窗关紧，以免强风灌进车内更加影响驾驶，然后就是降低车速了，你的车速越快，强风效果越明显，车速降低，能提高行驶的稳定性。

强风中驾驶，要把稳方向盘，采用3、9点式握法，朝风吹来的方向加一点力量，使车保持原来的正确行驶方向，但不要太用力调整，因为这时候轮胎的附着力也受到了影响，打方向盘力量太大，车辆失控的概率会增大。

感觉到车辆向一个方向不由自主地偏移，可稍微向偏移的相反方向调整方向盘，千万不能大角度纠正，要知道有时强风是一阵一阵的，调整幅度太大，强风如果突然消失，车也跟着突然偏离行驶方向了。

▶ 强　风

强风行驶保持车距

　　行车中要与其他车辆保持更大的安全距离，特别是会车和超车时，你可以把控住自己的车辆，但别的车是否如你一样无从知晓，两车间距太近，你会被牵连进事故中。

　　如果在行车的时候，你感觉自己的车已经发飘严重了，那最好就近寻找安全地点停车等待。

　　在强风天气中，需要警惕一种情形，就是遇到大型车辆，不要接近或超车，此时如果是很强的侧风，由于气流的原因大型车并不会为我们挡风，气流吹过大型车，会在它的另一侧汇聚，这股风的强度会更高。

❖ 强风天气行车黄金提示 ❖

1.行驶中远离面包车、大型客车、帆布篷货车。
2.纠正前进方向要小角度，防备突然强风消失。
3.车速越快，强风影响越明显，车速降低，能提高行驶的稳定性。
4.强风中驾驶，要采用3、9点式方向盘握法。

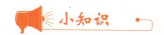

1. 遭遇龙卷风

个别地区有可能遭遇龙卷风，龙卷风一般出现在空旷的野外。

特殊天气的安全驾驶要领

当你发现龙卷风且距离你比较远时，观察一下龙卷风的行进方向，然后沿着龙卷风路径的垂直方向移动，龙卷风喜欢"直来直去"，一般不会急转弯的。

距离龙卷风较近时，应立即下车，就地寻找低洼起伏路面或隧道、涵洞等较坚固的避难场地，蜷缩身体，用双手、双臂保护头部。

龙卷风

2. 遭遇台风

台风是一种热带气旋，在北太平洋西部、国际日期变更线以西，包括南中国海和东中国海称作台风；而在大西洋或北太平洋东部的热带气旋则称飓风；如果在南半球，就叫旋风。台风过境常伴随着大风、暴雨或特大暴雨等强对流天气。在我国沿海地区，几乎每年夏秋两季都会或多或少地遭受台风的侵袭，因此而遭受的生命财产损失也不小。台风是一种灾害性天气。

台风天气，能不出门尽量别出门，超过8级的台风就足以威胁驾车安全，待在屋里才是你最佳的选择。

如果必须驾车出门，那应当集中注意力，行驶过程中保持"慢"和"稳"，多礼让，保持安全车距。尽量远离路边的行人、非机动车，以防其滑倒发生事故。

具体的驾驶操作，请参考前面讲到的雨中行车规则。在刮台风期间，可能会遇到交通信号灯断电的情况，请互相礼让通行，及时拨打电话报警。

▶ 强　风

　　停车时，尽量避免将车辆停放在低洼的地方或树木、广告牌旁边，最好将车辆停放在车库。

台风

聊聊自驾游 安全行车这些事儿

阳光对于安全驾驶也是有影响的,如果你去过祖国西北地区,也许会观察到当地车辆在仪表台上面,大多会铺有防反射光的绒布。

当你迎着阳光驾车时,会被强烈的阳光刺得睁不开眼,除了使人暂时"失明"外,还会使人难以判断车距。耀眼的阳光下,一切事物看起来都距离更近了,所以别忘了放下遮阳板,来阻挡光线的影响。如果阳光在侧面,可以把遮阳板一端的卡扣打开,放置在侧面遮挡,但需要注意一点,遮阳板尽量不要放在垂直90°的位置,避免下沿位置过低影响驾驶人观察路面情况。

偏光镜也是你离不开的"帮手",长时间迎着阳光开车,眼睛

▶ 强　光

会产生各种不适，偏光镜能有效减缓阳光对眼睛的刺激，但是选购时也不要买颜色太深的偏光镜，要保证佩戴偏光镜后还能够看清仪表盘上的数字。

仪表台上面如果放有手机、香水瓶之类的物品，也要取下来，它们在阳光照射的时候都会出现不同程度的反光，干扰驾驶人的视线。纸质的车证往往会被用塑料制品塑封起来，阳光照射时塑封层会将阳光反射到风挡玻璃上面形成

逆光驾驶

一块白色区域，干扰驾驶人的视线，存在一定的安全隐患。对于车证等物品，倘若妨碍了视线，不如先将其收起来，需要的时候再拿出来即可。

◆ 日光强烈时驾车的黄金提示 ◆

1. 拿走仪表台上一切会反光的物品。
2. 遮阳板翻转自如。
3. 车上准备一个偏光镜。

 小知识

什么才是适合驾驶时戴的墨镜

偏光镜是一种可以让定向光线透过的镜片，可以理解为百叶窗效果，把百叶窗调整为水平状态，可以看到窗外的景色，同时还能

特殊天气的安全驾驶要领

不受刺眼阳光的影响，所以有偏光功能的镜片可以过滤散射、折射、反射等各种因素所造成的刺眼眩光，最终的效果就是跟影响观察的杂光强光说再见，而整体环境的光线并不会大幅度变暗，需要观察的东西还能看得很清晰。

佩戴墨镜

在驾车过程中，除了天上刺眼的太阳，还会有各种刺眼的杂光，比如我们早上向东行驶的时候，地面反射的阳光甚至比阳光更显刺眼，白花花一大片，还有就是车辆后挡风玻璃或镀铬装饰条反射的各种刺眼光芒，很多交通事故也是因此造成的，而戴上偏光镜后，这部分很伤人的反光就会被过滤掉。总之，有偏光功能的墨镜，是最适合驾驶佩戴的墨镜。价格方面偏光镜比普通墨镜要贵一些，但对于安全来说，这是驾驶人最佳的选择。

特殊区域的
安全驾驶要领

▶地质灾害易发地区

每年的雨季,山区如果出现连续大雨,就容易发生山体滑坡和泥石流地质灾害。

山体滑坡和泥石流有区别吗?先普及一下知识,山体滑坡是指山体斜坡上某一部分岩土在重力作用下,沿着一定的软弱结构面(带)产生剪切位移而整体地向斜坡下方移动的现象。

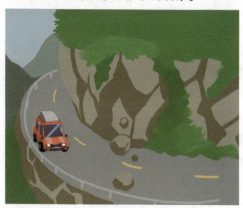

泥石流是指在山区或者其他沟谷深壑、地形险峻的地区,因为暴雨、暴雪或其他自然灾害引发的山体滑坡并携带有大量泥沙以及石块的特殊洪流。泥石流具有突然性,以及流速快、流量大、物质

容量大和破坏力强等特点。发生泥石流常常会冲毁公路,造成巨大损失。

  滑坡的特点是顺坡"滑动",泥石流的特点是沿沟"流动"。不论是"滑动"还是"流动",都是在重力作用下,物质由高处向低处的一种运动形式。所以"滑动"和"流动"的速度都受地形坡度的制约,即地形坡度较缓时,滑坡、泥石流的运动速度较慢;地形坡度较陡时,滑坡、泥石流的运动速度较快。

泥石流

  泥石流的发生是有预兆的,在驾车和野外活动时,出现这些状况要提高警惕:一是河床中正常流水带有树枝,突然断流或流量突然增大,并夹有较多的柴草、树木时,或清澈的水瞬间变得浑浊,说明河(沟)上游已形成泥石流;二是当深谷或沟内传来类似火车轰鸣声或闷雷声,哪怕极微弱也说明泥石流正在形成;三是沟谷深处变得昏暗并伴有轰鸣声或轻微的振动感,也说明沟谷上游已发生泥石流。

  发生山体滑坡前,滑坡体四周岩体会出现小型崩塌和松弛现象,例如驾车时发现路边山体不断向下滚动小石块,山上还有类似白色烟雾冒出,这就是即将发生滑坡的预兆。

  容易发生这类地质灾害的路段,会有工作人员密切关注的,车

▶地质灾害易发地区

行至此，一定服从现场交警或其他工作人员指挥，禁止通行就掉头返回，不要冒险。如果在路上遇到已发生的山体滑坡或泥石流等情况，可以驾车逃离的，要保持冷静，握紧方向盘，快速驶离危险区域。如果无法驾车逃离，则要果断弃车，并迅速环顾四周，向较为安全的地段撤离。一般除了高速山体滑坡外，只要行动迅速，都有可能逃离危险区域。躲避地点应该选择在易滑坡两侧边界外围，也就是说逃离时，以向两侧跑为最佳方向，千万不要将躲避地点选择在滑坡的上坡或下坡。在向下滑动的山坡中，向上或向下跑都是很危险的。若遇到无法逃离的高速滑坡，不能慌乱，在一定条件下，如滑坡呈整体滑动，可躲避在结实的障碍物下，抱住身边较大的树木等固定物体，并注意保护好头部，如果受伤或遇他人受伤，应及时拨打120，或寻求其他帮助。

最后，即使滑坡停止，也不可贸然返回。因为滑坡可能会连续发生，只有在相关部门进行整治，确认安全后，方可继续通行。记好，无论山体滑坡还是泥石流，都是地质灾害，无法抵御，千万不能贪恋财物而滞留，唯一要做的就是避险逃生。

❋遇到山体滑坡、泥石流时的黄金提示❋

1. 发现河水突然变浑浊，要立即离开，这是泥石流前兆。

2. 当深谷或沟内传来类似火车轰鸣声或闷雷声，说明泥石流正在形成，快跑吧。

3. 路边山体不断地向下滚动小石块，山上有类似白色烟雾冒出，这是即将发生滑坡的预兆。

4. 遇到山体滑坡，向两侧跑，向下跑的速度赶不上滑坡速度。

5. 远离危险地区，必要时弃车，千万不能贪恋财物而滞留。

特殊区域的安全驾驶要领

聊聊 自驾游 安全行车这些事儿

高原地区

自驾游之前，你是不是关注自己的身体状况了？如果你计划驾车前往青海、西藏、新疆等地，当海拔超过 3000 米时，一般人都会产生高原反应，到底什么是高原反应？

高原反应，简称"高反"，严格说是高原病的一种分型。简单地说就是人体急速进入海拔3000米以上高原，暴露于低压低氧环境

▶高原地区

后,身体机能为适应因海拔高度变化造成的气压差、含氧量少、空气干燥等问题,而产生的一系列自然生理反应。

从实际情况看,生活在低海拔的人一般在海拔2400米以下感觉基本正常,没有明显反应;超过2400米,如果有合理的海拔阶梯和足够的时间,还是能够逐步适应;多数人在海拔超过3000米后,容易开始出现高原反应,超过5500米后,大部分人都无法完全适应。

高原反应的症状有前额和双颞部跳痛、心悸、胸闷、气短、厌食、恶心和呕吐等,感觉与醉酒或感冒很相似,高原反应是一个逐渐发展的过程,有的人可能只有早期症状并很快恢复,如果症状持续加重,就需要引起警惕了。一般高原反应会在一两天后自动缓解,少数人可能会发展成高原肺水肿和脑水肿。

有器质性疾病、严重神经衰弱或呼吸道感染患者,不宜进入高原地区。对自己身体情况不了解的,可以在计划出发前,到医院做一次体检,听听大夫的建议。

任何人进入高原地区都有可能发生高原反应,与年龄、性别、身体强壮与否都没有必然关系。长期以来,许多人对高原反应都存在认知上的误区,有人说身体强壮或经常锻炼的人耗氧量高,所以高原反应更加严重;也有人说去高原地区之前应该加强锻炼,另一部分人则恰恰相反,认为要提前停止锻炼。实际上这些说法都是没有科学依据的,高原反应取决于人体先天的细胞携氧能力,与身体素质好坏并没有必然联系。

对于乘客,高原反应的症状容易被误认为是晕车,告诉你一个最简单的区分方法,寻找安全地点停车,然后找一个通风阴凉的地方坐下休息一会,一般的晕车经过短暂的休息会有明显改善,而高原反应则不会有明显的改善,这就是最大的区别。

对于高原反应,不要过于紧张,稍有不适就慌乱起来,会给自己更加强烈的负面心理暗示,加剧身体不适,延长缓解症状的

特殊区域的安全驾驶要领 | 185

时间。其实，许多高原反应症状都和心理暗示有关。初上高原的朋友，不要剧烈运动，这会增加心肺负担，加重高原反应。在高海拔地区活动，足量的饮水能让你维持机体平衡，血液循环通畅，供氧能力增强，心肺负担减轻，从而在很短的时间内适应高海拔环境。除了白开水，还可以在水中加葡萄糖补充能量，增强抵御疾病的能力，预防感冒等。

　　当你来到高原后，要做好身体上和精神上的调整，前6至8个小时是可以消耗自身存氧的，高原反应会延迟发生，多留意自己身体轻微的不适，高原反应不严重，自己感觉可以忍受的，就注意休息，足量饮水，过了这个适应期就没问题了，如果感觉头痛等症状难以忍受，可以冲一点葡萄糖水，症状即可缓解，高原反应不严重的尽量不吸氧，吸氧有利于快速缓解高原缺氧，但容易产生依赖性，还是让身体尽快适应外在环境吧。

　　出现恶心、呕吐、鼻出血症状，就属于中度高原反应了，可以考虑吸氧，在吸氧后仍没有明显好转的情况下，就要寻求专业医生的帮助。出现手足抽搐、高热不退、呼吸急促的情况，属于重度高原反应，此时要立刻送医，送医途中要保持半坐位。

　　自驾前往高海拔地区，如果驾驶人感觉身体不适，千万不可以勉强为之，有的驾驶人把"高反"当作是"感冒"，觉得只要多坚持一会，身体就会适应。事实并非如此，"高反"导致的身体不适也许比预想的要严重，缺氧导致的嗜睡、头晕、头胀会直接影响到驾驶行为，消耗驾驶人的体力和大量的精力，进而增加行车的风险。去高海拔地区自驾，需要逐级往上，逐步适应。遇到"高反"，要尝试所有能够采用的方法缓解症状。假如"高反"症状一直在持续，千万不要硬撑着，要学会知难而退，驾车返回低海拔地区，或者提前找地方停车休息。高原反应没有想象的那样可怕，但也不能掉以轻心，放松心情，坦然接受，这也是你自驾中的一种经历。

▶高原地区

▪高原反应的黄金提示▪

1.海拔超过3000米后,正常人都会出现高原反应,这是正常现象。

2.注意区分晕车和高原反应的区别。

3.高原反应严重,尽快撤离到低海拔地区可有效缓解。

如何有效应对驾车犯困

驾车犯困与疲劳驾驶还不一样,驾驶疲劳是指驾驶人在长时间连续驾车后,产生生理机能和心理机能的失调,而在客观上出现驾驶技能下降的现象。驾驶人睡眠质量差或不足,长时间驾驶车辆,容易出现疲劳。驾驶疲劳会影响驾驶人的注意力、感觉、知觉、思维、判断、意志、决定和运动等方面。而即便是已经有了充足的睡眠,精神饱满地开始驾车,依然会犯困。因为我们在驾驶时,精神高度紧张而动作又比较单一固定,当紧张达到极限时,怎样刺激神经细胞,它也不再兴奋,而且驾车原本就是个保持长时间固定姿势的体态,血液循环不畅必定会引起肢体疲劳。特别是在高速公路上驾车,单一的环境、不变的景物、行车中的噪声和振动

困倦

频率都是一种催眠,无论你睡眠有多充足,都无法抵挡困意来袭,要正确认识到,这也是人体的正常生理反应。

《道路交通安全法实施条例》规定,连续驾车不能超过4小时,达到4小时的,停车休息时间不得少于20分钟,做出这样的规定就是

考虑到人的生理极限，必须强制进行休息，你不是超人，不要挑战极限，就算是赶路，一天连续驾车也不要超过8小时。

实际上，每个人的驾驶疲劳周期是不同的，大部分人会在连续驾车两小时左右进入疲劳期，甚至更短。驾车4小时休息20分钟不是你预防疲劳驾驶的标尺，在高原地区自驾，还要考虑到高原反应的因素，为了安全，要随时根据感觉调整。

"逢三必进"原则适用于高速公路行驶，你可以参考。根据建设标准，高速公路上设置的服务区平均间距大约50公里，当您驾车经过两个服务区都没有休息时，到了第三个服务区也就意味着你连续驾驶150公里左右了，驾车时间也接近2小时。这时大脑和身体反应已经开始迟钝，只是自己还没有感受到。一旦出现紧急情况，大脑和身体反应未必"叫得应"。因此建议第三个服务区一定要进去，休息调整或者小睡，确保后续行车的安全状态。非高速公路，可以根据导航的提示，在行进100公里路程后寻找安全地点停车休息。

预防疲劳驾驶，可以在驾车时特意观察一下周边环境变化，例如出现交通标志时，想想此标志的含义，依次扫视后视镜中的情况，强制大脑兴奋起来。长时间维持一个姿势驾驶，身体会僵硬疲劳，在保证安全的前提下，变化一下肢体动作，比如将上身坐直等轻微运动，同时打开车窗或天窗让空气流通，借此缓解疲劳。

在休息时，可以做这个运动：尽量向后仰头、弯腰、双手够肩胛骨，通过这个反关节运动强制肌肉收缩，缓解疲劳。反复20次，有效缓解疲劳。

每个驾驶人都要有安全驾驶自主管理的底线，通过主动休息，提前预防疲劳。我们驾车出行的最根本目的，是平安地从甲地到达乙地，强打精神疲于赶路，有可能永远都无法到达目的地，谨记！

▶地震区域

地震是地壳快速释放能量过程中造成的震动,期间会产生地震波的一种自然现象。中国的地震活动主要分布在5个地区,这5个地区是：台湾地区及其附近海域;西南地区,包括西藏、四川中西部和云南中西部;西部地区,主要在甘肃河西走廊、青海、宁夏以及新疆天山南北麓;华北地区,主要在太行山两侧、汾渭河谷、阴山—燕山一带、山东中部和渤海湾;东南沿海地区,广东、福建等地。

当我们驾车时遇到地震该怎么做呢？驾车时突然感觉到有地震,而又处于城市道路或周围没有宽阔地可以临时躲避,那我们应该立即停车,然后下车观察周围情况并找一个相对安全的位置等待,直到地震过后再上路行驶。

特殊区域的安全驾驶要领

不要以为躲在车里面安全,如果重物砸到车顶,轻则受伤,被困在车内无法脱身;重则有直接被砸扁在车中的可能。应该赶紧下车,双手抱头依靠着车门蹲下,最好是躲在两辆车之间的空隙,双手抱头,这样当建筑物倒塌的时候,先砸到的是汽车,这样或许就能救你一命。另外,寻找避难位置时,不要锁车,不要将车钥匙带走,以方便关键时刻能将车辆移开。

虽然地震不会常有,但应该掌握这些基本的常识,一旦遇到危险情况能够从容应对,保护自己和他人的生命安全。

◆ 地震的黄金提示 ◆

1. 车内不安全,要下车躲避。
2. 比较好的位置是两车之间的空隙,双手抱头蹲下。

应急处置

▶车辆故障

车辆检查得再细致，长途行驶中，也难免会遭遇一些意外情况，掌握一些简单故障的应急处理办法，可以摆脱困境，行驶到最近的汽车维修店，注意，这只是临时应急的办法。

一、油箱损伤

油箱损伤发生概率比较低，但有时一颗崩起的小石子就能击穿油箱。如果油箱只破了个小孔洞，可以找一截小木头，顶端削尖后，配上布条塞住孔洞。准备车上物品时提到的口香糖，嚼烂后也能塞住，起到一些作用。还有一个办法，从车门内拉手位置卸下一个自攻螺丝，用一小块皮子当作临时垫圈拧进去堵孔。油箱侧缝处发生渗漏的话，可以用肥皂反复擦渗漏处，暂时堵住。

油箱损伤

二、管道破裂

各种管道破裂或渗漏，不太容易被发现，车辆也能将就着行驶，但如果是油管破裂，漏出的油有可能引发着火，所以不能大意。先将破裂处擦干净，然后涂上肥皂，再用布条或胶布缠绕在油管破裂处，外面用铁丝捆紧，最后再涂上一层肥皂。

三、风扇皮带损坏

风扇不运行会连带发动机过热，如果皮带断裂，用细铁丝临时连接一下，维持运转，或是开开停停，慢慢走到汽修店修理。

四、雨刮器损坏

可以用抹肥皂的办法来解决，就是在挡风玻璃上面抹一层肥皂，起码可以维持三四十分钟的清晰视线，同时还可以将肥皂涂抹在后窗玻璃上，改善后视不良的状况。香烟里的烟丝在挡风玻璃上涂一涂，也可以解决问题。路旁一些稍厚、水分含量较多的树叶，捏碎后涂在挡风玻璃上，这同样能起作用。

五、制动总泵缺少制动液

因为漏油的原因，导致制动总泵缺少或缺失制动液，可以临时用酒精或白酒代替，在找到修理厂后立即清洗制动系统，换制动液。

六、油门卡住

油门踏板踩下时被卡住弹不上来或弹得比较慢，此时应立刻挂入空挡，切断动力输出，或者是关闭发动机，然后慢慢滑到路边停车，发动机关闭后，失去了助力转向，方向盘也会变得很重，双手紧握方向盘，慢慢打方向。

七、前照灯不亮

如果左右两侧的前照灯全都不亮，很可能是熔断器烧断了，检查一下相关的熔断器，只要换上一个相同容量的熔断器，问题就能立刻解决。如果是一个前照灯不亮，很可能是前照灯的电源线插座接触不好，这时可以用手拍击一下不亮的前照灯灯罩，如果前照灯能瞬间亮起，可以肯定是插座接触不好。此时，只要把前照灯的电源线插座拔下来，再重新插回去，问题就能得到解决。

如果是灯泡损坏了，可以临时用远光灯代替，在前照灯的灯罩上部粘贴胶带纸，把灯罩上部遮盖三分之一左右，避免灯光照射对向车辆驾驶人。

燃油不足怎么办

自驾路上，有时加油站密度不够，车内燃油剩一半时，遇到加油站就要考虑补充燃油了，可以借助导航软件搜索加油站位置，设置好这个功能。

燃油不足

油表灯亮时，并不是彻底没有油了，一般油箱内还有5到10升燃油，车辆说明书上会有标注。至于到底还能走多远，就取决于行驶路况和驾驶技术了,根据经验,油表灯亮后,至少可以行驶30公里左右。

  保持经济时速匀速行驶,避免急加速和急刹车,关闭车上的电气设备和空调都可以让你的车走得更远一点,当发现供油断断续续,发动机运行时快时慢时,说明油箱真的空了,油泵已经抽不上燃油了,靠边停车等待救援吧。

▶ 爆　　胎

爆胎是指轮胎在极短的时间内因破裂突然失去空气而瘪掉的现象。爆胎发生后，由于四个车轮中有一个外径突然变化，会导致车辆的行驶轨迹出现偏差，在前轮发生爆胎的时候尤其明显，还会伴随着方向盘的抖动，严重的甚至会发生和驾驶人"抢夺"方向盘的情况，驾驶人处置不当，轻则失控，重则翻车。

造成爆胎的原因非常多，一般是这六种。

一是轮胎漏气。行驶中轮胎被异物刺扎并暂时没有把轮胎扎破，轮胎会出现漏气现象，进而在行驶中引起爆胎。二是轮胎气压过高。因汽车高速行驶，轮胎温度升高，气压随之升高，轮胎变形，胎体弹性降低，汽车所受到的动负荷也增大，如遇到冲击会产

应急处置

生内裂或爆胎。这也是爆胎事故夏季较多的原因。三是轮胎气压不足。轮胎与地面接触的部分会由于车身自重而受到挤压，导致轮胎侧壁发生变形，而转到远离地面的位置时，会因为胎内气压发生变化而重新被拉伸。轮胎转动的时候，整个轮胎侧壁都在随转动不停地重复挤压、拉伸的过程，导致本来坚挺的胎肩气密层产生裂纹，胎温快速上升，胎体帘布和橡胶逐渐剥离，轮胎强度严重下降，继续行驶，就很容易发生爆胎事故。四是轮胎带伤。轮胎在使用时间过长后磨损严重，胎壁变薄，会因承受不了高速行驶的高压、高温而爆胎。五是超载。车上装载物品过多，超过车辆最大允许载荷时，轮胎的内压就会增大，当轮胎的内压超过轮胎气门的密封压力时，就会引起轮胎漏气，进而爆胎。六是超速。在长时间高速行驶的情况下，轮胎内部会产生大量的热量。热量积聚到一定程度会导致轮胎自身高温，这种状态保持较长时间后，往往会使轮胎内压超过轮胎负荷强度而爆胎。

要知道，爆胎的情况可以通过对轮胎的检查和规范驾驶习惯来预防，但无法绝对避免，即使是新换的轮胎，途中轧到异物也是会爆胎的。

如果真的发生爆胎了，应该如何处置呢？

首要的是不能慌张，很多爆胎的案例，最后车辆失控翻车，原因不在于爆胎本身，而是驾驶人操作失误，例如乱打方向盘，猛踩制动踏板，都会加剧爆胎后果。

发生爆胎，请按照如下步骤操作。

第一步，把稳方向盘。爆胎发生后，因为一侧轮胎没有气，行驶方向必定会偏移，例如左前侧车轮爆胎，车辆会向左侧偏，方向盘会感觉到震动，接着有被抢夺的感觉，没有经验的驾驶人会自然地向右侧纠正方向，打方

握紧方向盘

▶ 爆　　胎

向盘幅度大了，车辆就会发生甩尾，再向左打方向盘，车辆就会失控，此时你需要做的是以3、9点方式握紧方向盘，稍微向偏移方向的反方向纠正一点点角度，维持车辆向前直行即可。一定要握紧方向盘！

第二步，学会点刹车。爆胎后的轮胎，胎面与地面接触面积变大，阻力也大了很多，此时如果猛踩刹车，会给爆掉的那个轮胎更大阻力，而没有爆胎的轮胎受力是正常的，最后的结果就是所有力量都集中在爆掉的这一个轮胎上，车辆变得很不稳定。这时如果前方没有其他车辆，完全不用踩刹车，只是控制好方向，慢慢滑到路边停车即可，前面有车，需要你短距离内停车时，要采取点刹车方式，就是高频率地踩刹车、松刹车，反复这个操作，这样做的目的就是踩制动踏板降速，其他车轮的力量向爆掉的轮胎上集中时，又松开刹车，缓解了力量，反反复复达到既降速又不侧滑的目的。点刹车还有提示后车注意的作用。

点刹停车

不要把爆胎的后果想象得太严重，只要不紧张，按照上面的方法去做，你肯定能"力挽狂澜"的。

应急处置 | 199

聊聊 自驾游 安全行车这些事儿

刹车失灵

刹车失灵绝对是一件小概率的事，车辆定期进行保养，一般不会出现这个问题。造成刹车失灵的原因一般有三种，一是制动系统缺乏保养，刹车总泵里杂质太多、密封不严、真空助力泵失效，刹车油过脏等，自驾之前对车辆进行检查，在行车时就不会有这个问题。二是由于驾驶人操作不当所致，例如行驶在长下坡路段，持续踩制动，则有可能因制动系统过热突然发生刹车失灵的情况。三是由于严重超载，加大了车辆运动惯性，直接导致刹车失灵。

再小概率的事发生了，就是百分之百，处理不当后果会很严重。在一些经过山区的高速公路长下坡路段，有时会修建紧急避险车道，就是为了让刹车失灵的车辆应急，但路上没有避险车道，该怎么办？这两个方法可以救命。

第一是降挡配合手刹，这适用于路面车辆较少，不需要立即停车的情况，发现刹车失灵后，开启危险报警闪光灯，松开加速踏

▶ 刹车失灵

板，踩下离合器踏板，然后向下减挡，每减一次挡，都会明显感觉到顿挫，这是发动机牵引力在控制车速，一边观察车外情况，一边减挡靠路边，当挂到一挡时，踩下离合断开传动，拉紧手刹，就能平稳停车了。

如果是自动挡车型，通过手动模式减挡，或直接挂入L挡慢慢减速，最后拉紧手刹停车。使用这个方法，自动挡车型比手动挡车型降挡的制动效果要弱一些。

操作步骤一

第二是直接拉紧手刹，手刹系统与脚刹是两套系统，脚刹失灵，手刹依然有效，而且手刹是一套机械系统，拉紧手刹同样能减速制动，这个方法适用于路面车辆较多，或者前面是急转弯，不立即停车会发生更大危险的情况。注意，这种操作方法有一定危险性，突然将手刹拉到底，车后轮会瞬间抱死，方向把控不住，车辆就会侧滑或甩尾。

操作步骤二

具体操作方法是开危险报警闪光灯，松加速踏板，左手在九点钟方向握紧方向盘，右手将手刹一拉到底，车辆可在短距离内停车，注意全程一定要把稳方向盘。对于电子手刹车，扣住手刹按钮即可，刹车过程比较平稳。

利用路边的障碍物来降速停车也是一个办法，但危险性很高，对驾驶人熟练的操控能力要求很高，不到万不得已的时候，不要用这个办法。

平时注意按时保养车辆，规范驾驶操作，可以最大程度避免险情发生，避险不如防患于未然。

应急处置 | 201

聊聊 自驾游 安全行车这些事儿

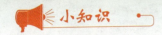 小知识

完美的刹车技巧

如果我们踩刹车的目的是停止车辆行驶的话，一直踩着刹车直至车辆停止，瞬间会产生比较大的冲击。在车辆完全停止前松一下刹车，然后再轻点刹车直至车辆停止行驶，整个停车过程就很平稳了。

急刹车时，就不要考虑乘客感受了，此时以避险为主。现在ABS系统基本每辆车都有，遇到紧急情况必须急刹车时，直接全力踩下制动踏板即可，早期宣传紧急刹车要分2次踩刹车，防止车轮抱死后发生甩尾，是在没有ABS的情况下，现在已不适用。

如果是在转弯，要注意刹车需在入弯前完成，边转弯边刹车，车辆容易失去重心发生甩尾，尽量不要在转弯过程中刹车。

而长距离下坡路，就不能一直踩着刹车减速了，持续踩刹车会导致刹车系统过热失灵，此时要使用低挡位，靠发动机牵引力控制车速，刹车只是间歇辅助减速用的。

最高明的刹车技巧是有预见性的提前制动，以便有足够的时间调整制动力的大小，要做到这一点就需要眼观六路、耳听八方了。

落水的应急处置

部分山路是临水临崖的,虽然临水临崖一侧多修建有水泥墩,也不能确保百分之百不会发生车辆落水事故。落水的事故虽然是很少见,但是一定要清楚,一旦车辆掉下水后,留给你逃生的时间非常短,要尽早提前了解车辆落水后的自救方法。

汽车落水后,不会立即下沉,要把握住下沉前 1~2 分钟的时间,及时离开车辆。要搞清楚自己所处的位置,在脑子里面勾勒出一个大致的逃生路线,即使掉到湍急的河流当中,生还的几率也是很大的。

开门逃生是最安全最快捷的方法,刚刚落水的时候还有可能推开车门,解开安全带,抓紧时间快速逃生。如果因为内外压力的原因,车门已经打不开了，就要尝试打开车窗，看能不能够从车窗逃生。

假如掉到水里以后，水没过车顶，车门和车窗都无法打开，这个时候不要做无谓的尝试，要将脸尽量贴近车顶的上面，来保证有足够的空气和体力，车厢里的氧气基本可以维持5~10分钟。等水从车的缝隙中间慢慢地涌进来，车里灌满水，车内和车外的压力平衡以后，这个时候就可以打开车门逃生了。

如果车辆被撞击或者断电以后，车门和车窗都无法打开，还可以想办法破窗。有人说可用座椅的头枕来砸车窗，不要被这个说法误导，用头枕的金属杆砸玻璃很困难，比较适用的是把金属杆插入车侧窗玻璃与车门缝隙内，然后撬碎玻璃。不要尝试砸前后挡风玻璃，这两块玻璃都是夹层的，基本上是砸不碎的。

不会游泳的朋友，离开车辆之前赶紧找一些能够漂浮的东西抱住，并且迅速地游向水面寻求支援。

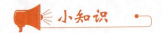

小知识

1. 后备箱逃生功能

后备箱逃生这一功能源自于美国汽车安全监管部门的强制要求，目的就是为了防止有人被绑架或被困在后备箱内。

虽然设计的初衷是这样的，但不只是被绑架时才会用到这个功能，比如遇到极端情况，车辆意外落水，较重的车头会向下沉，车尾朝向水面，这时后备箱逃生口可能就是你唯一的出路了。

逃生是建立在对自己车辆有所了解的基础上，你不妨打开自己车辆的后备箱寻找一下，是否有这个开关，有的是自带发光的拉环，也有各种隐藏式类型的机关，找不到可以看看车辆的说明书。

遇险逃生的具体方法是，先爬到后排座椅位置，寻找放倒座椅的开关将后排座椅完全放倒，借助手机等工具照明，找到开关，开启，然后快速离开车辆。

▶落水的应急处置

后备箱逃生的机关是纯机械的,任何时候都可以使用,当车辆落水后因电路故障无法打开车窗,车门又无法推开时,它是最稳妥的逃生通道。有空时,你可以熟悉一下如何使用,为生命增添一份保障。

后备箱逃生

2. 车窗怎么开

私家车一般都是4个车窗,当然有的车辆还有天窗,这些车窗的开启组合和开启角度,都会有不同的效果。

开车窗通风

第一种情况是开启单侧前车窗,如果车上有吸烟的乘客,在行驶过程中开启前车窗一条缝隙,车内空气会将烟雾挤压出车内。而车窗开大,空气会在强劲的作用力下挤入车内,最终在后排排气口处流出。这种情况下,车窗开启同侧的后排乘客会因风太大而感觉不适。

第二种情况是开启单侧后车窗，车窗放下一条缝隙通风则与开启单侧前车窗基本一致，而全部开启，后排乘客则会明显地感受到侧风，在一定车速内，侧风一般不会对乘客产生不适感。

第三种情况是开启同侧两车窗，同侧车窗一块儿开的情况下，外界气流会直接在车辆一侧灌入车内，车窗处乘客会有强烈的迎风感，后排乘客长时间下会感到强烈的不适。高速行驶时，方向也难把控。中高速行驶中不建议采用这样的通风方式。

第四种方式是只关单侧前车窗，这种情况下，进入车厢内的空气带有明显的不均衡性，车内空气流动带有明显的方向感。整车内除关闭车窗那一侧的乘客外，其余乘客均能感受到强烈的风感，此时车内空气流通较快，车内大部分空气会迅速排出。这种通风方式适用于车内快速通风除去车内的异味。

第五种方式是只关单侧后车窗，只关单侧后车窗使得车厢后排关闭车窗的一侧聚集大量空气，形成一个高压区域，此排风方式比较柔和，与前者(只关闭单侧前车窗)车内乘客不会有明显的迎风感，是一种不错的通风方式。但是相对开对侧两个车窗来说噪声稍大些。

第六种方式是同时开前后对角车窗，这样开窗的话，通过前窗进入车内的空气会与从后排进入车内的空气相互作用，产生一个小旋风。采用这种方式让车内空气更迅速流畅的循环排出，空气在车内流动也比较柔和。相对只关闭单侧后窗而言，此方式产生的风噪相对较低，"穿堂风"的流动模式使得风阻也更低一些。因此也是一种比较理想的通风方式。

最后的方式就是把车窗全打开，这样的话使大量空气灌入车厢内，车内排气口的空气流量达到峰值，车内堆积的大量空气很容易相互作用产生乱流，极限情况下甚至可以倾覆车内质地较轻的小物件，行驶过程中，乘客乘坐体验也不好。一般情况下不要采用此方式排风。

▶ 突遇动物怎么办

驾车时因躲避小动物发生事故的新闻屡见不鲜，不只是在乡村地区会遇到，在高速公路上也会遇到突然闯入车道的小动物，在野生动物保护区，还有可能遇到大型动物横穿道路。经常出现动物的地方，会有交通警告标志提示你，请放慢车速通过，遇到动物横穿道路，要学会安静地停车避让，不要乱按喇叭。

比较危险的情形是在高等级公路上遇到小动物突然横穿公路，如果处置不当，有可能引发大事故。

突遇横过道路的动物，没有经验的驾驶人会选择急打方向盘躲避，这是最危险的操作，虽然现在的 ABS 和 ESP 系统很先进了，但

应急处置 | 207

聊聊自驾游 安全行车这些事儿

是没有任何一个系统能保护你在每小时 100 公里的情况下猛打方向盘会不失控。另外急打方向盘也有可能与相邻车道的车辆发生碰撞事故，这是很不安全的。

那急踩刹车呢？后面的车则有可能反应不及，发生追尾，这也是不安全的操作。

究竟什么才是正确的操作呢？

作为驾驶人，开车时要集中精力，不做其他不相干的事情。随时注意观察路面情况，在发现异常时才能快速判断路况，采取措施规避危险。

如果在空旷的路上，周围没有车辆与行人，遇到突然窜出的动物，可以缓慢刹车制动，让动物先过马路，或者在速度减慢之后再考虑打方向盘变道躲避。

如果左右两边、后面都有来车，则不宜紧急刹车或变道，你应踩刹车降低车速，至少把车速降到每小时70公里以下时，才可以考虑变更车道躲避，当然也别忘了观察周围情况。

如果是在高等级公路行驶，发现情况后请匀速刹车并保持在原车道内行驶。刹车是为了降低车速，尽量减小意外碰撞所造成的伤害，匀速是避免刹车过急引发追尾事故，同时给小动物一个躲避的时间。保持在原车道内行驶可有效避免因躲避而碰撞其他车辆。

在条件允许的情况下，我们要保护动物的生命安全，因为每一个生命都是宝贵的，但一定要学会正确的应对方法，错误的应对，非但保护不了动物，还会危及自身及其他人的生命安全。

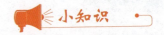

小知识

撞了动物怎么办

如果撞的是有主人的动物，例如牛、羊等，可以与动物主人协商赔偿事宜，若无法达成共识，可以报警，等候民警处理，同时给

▶ 突遇动物怎么办

保险公司打电话。

碰撞动物情况

　　如果撞了野生动物,不要把车停在路中间,这样会影响交通,造成其他危险事故,应把车停在路边,然后立刻报警。报警后查看野生动物的受伤情况,是否还存活。如果撞的是大型野生动物,尽量不要轻易下车靠近,它可能会突然站起来对你进行攻击。

聊聊**自驾游**安全行车这些事儿

自燃

引发自燃的原因有两个，一是电路老化引起短路，绝大部分自燃事故都是发动机舱内着火，电路老化或绝缘胶皮破损、接头虚接，都会造成短路起火。另一种是油路老化导致漏油起火，发动机舱内一些渗油漏油情况没有被及时发现，在高温环境下，急剧升高的温度足以点燃渗出的油液，造成自燃。

车辆发生自燃之前，有一些前兆，自燃的初期不会有明火，而是味道或烟雾最先传出，行驶途中闻到烧焦、烧糊的味道或是机舱盖内有烟雾散发出来时，应立即靠边停车熄火，切断电源。

拉起发动机舱盖开关，戴上手套或用隔热的东西垫在手和发

▶ 自　燃

动机盖之间，打开机盖缝隙，（不要贸然掀开发动机盖，因为空气中的氧气会加剧火势）寻找着火点，之后迅速用灭火器进行喷射灭火，如果打不开机盖，从缝隙处喷射也是可以的。

超过3分钟火势仍然无法控制，那就赶紧撤离到安全地方报警求助，此时人的安全才是最重要的。

聊聊 自驾游 安全行车这些事儿

发动机工作时会产生很高的热量，通过水泵带动水箱内的冷却水在发动机内部循环，达到散热效果。如果水箱缺水、散热片被堵、水箱风扇不转等情况出现，水温就会快速升高，最终导致"开锅"。

发现"开锅"后，将车辆停靠在不影响交通的安全处，最好是阴凉处，然后开启危险报警闪光灯，车后摆放三角警示牌。注意，停车后不要立即熄火，应保持发动机怠速运转，并且掀开前机盖加快散热，等待温度缓慢降下来。此时如果熄火，冷却系统也会停止工作，发动机的温度会迅速升高，严重的可能导致部件变形。

▶水箱开锅

不要立即打开水箱盖加冷却液，立即打开水箱盖，沸水会喷出来，容易发生烫伤事故。等待水温慢慢下降后，用湿毛巾垫手，慢慢拧开水箱盖，先放出水蒸气，过一会儿之后再全部打开，脸部等身体裸露部分要避开加水口，以防开水喷出被烫伤。

千万不能往机器上泼冷水降温，这样虽然能让温度快速下降，但也会导致水箱或缸体急剧冷却收缩而造成水箱或发动机缸体骤冷爆裂。正确做法是等待温度自然降下来后，往水箱里添加冷却液，然后观察一下有没有漏水的情况，排除险情。没有防冻液，可以临时用蒸馏水、纯净水代替。